一位少年保護社
與
觸法少年的生命故事

我在少年中途之家的日子

全新修訂版

我想，我可能再也沒有勇氣做社工了……
家庭破碎、無法溫飽，生存與道德的界線該如何掌握？
當家人不再關心自己，我們是否正在失去對人的信任與美好？
一個來自少年保護社工的實務工作經驗，用時間和信任碰撞出思考的生命議題。

目錄
CONTENTS

推薦序　挑戰

財團法人人本教育文教基金會執行長　馮喬蘭

翻閱這書，最大感覺就是，真不好讀啊。故事、情節、人物、都精彩，但，並不好讀。因為這書從不打算以甜美與浪漫、熱血與溫馨，來掩蓋真實。所以，帶著現實的刺，讓讀者清醒著，直視一切。不好讀，每個人看了，都需要醒來。

而這也正是這本書的重大價值。裝睡的、嗜睡的，都醒醒吧。

書中平實的紀錄，直指真實的挑戰。

挑戰之一，是個案中心（人本）與權控機構的拉扯。我們如果花力氣讓孩子不用進監所，又何必將機構，管理成監所呢？所以，作者提出來的理想，其實應該是機構的本質才是。但這挑戰之所以仍是個挑戰，是有著太多問題需要思考與處理。無論是資源與支援的問題，或是專業人力與專業發展的問題。理想實踐的過程，需要的不只是熱情，還需要很多嘗試與失敗。在書中所提到的，無論是生輔人力問題、孩子間文化的問題、生活常規要處理的問題等，都極值得我們，從中思索，下一步要怎樣走，才能更靠近我們的理想。

挑戰之二，是對人性的瞭解與信念。很感謝作者的如實描述，我們可以好好面對，這些未成年的孩子身上因為求生存而有的傷痕歷程。他們可以栽贓，只要除去眼中釘；他們可以設局，只要能因此獲勝；他們可以委身，只要盤算後利大於弊；他們寧可交易與交換，因為生存經驗告訴他們，比起情感與人際關係，交易與交換得到的利益，實際多了。畢竟家人會散、大哥會叛。在這樣的生存傷痕面前，想要召喚生命與生活的意義，召喚我們自以為是的道德感與責任感，一不小心，就像是阻礙了孩子們求生存的利益。然而，這也意味著，只要能真切體會、真實看待、如實接納這些歷程與傷痕，不要否認求生存的姿態，那麼，我們也許可以找到一條召喚的道路。

挑戰之三，是第一線的工作者，永遠會追問自己所為何來！多年前有個機會，我所任職的人本教育基金會，和地方政府合作帶中輟生。雖然不是在機構內，但挑戰同樣存在著。當時有孩子已經在幫派裡準備當圍事，甚或要拿槍了，但在將近一年的接觸後，這些孩子竟然願意嘗試離開幫派，不去擔任「上面」派給他們的角色，而選擇過「另一種生活」。我常常想，那種改變的力量，到底是什麼？這些孩子非常辛苦，因為地方上各層級學校都將他們視為流氓。即使他們想要離開幫派，回到學校，學校給的反應並不是欣然，而是懷疑與排拒。但孩子們都擔了下來。當他們開始工作討生活，在夜市擺攤、在工廠做工，他們都不曾因為有人再來找他們去賣黑槍，就去賺那筆大黑錢。他們說的是：「好不容易離開了，我不能隨便回去，現在這樣賺，艱苦一點，可是，實在一點」。雖然不是每個案例都能充分發展，但只要能開始啟動孩子生命的內在力量與自我價值感，那麼我們的辛苦與堅持，也就值得了。

尼采說：「一個人知道自己為什麼而活，就可以忍受任何一種生活」。一個工作者如果知道自己在堅持的是什麼，在追求奮鬥的是什麼，那麼他就可以承擔任何一種挑戰與苦難。謝謝作者持續在第一線堅持。更謝謝他的這份紀錄。

對於不是從事青少年工作的讀者們，除了理解青少年議題之外，這份紀錄的意義，也許是讓我們能演練人性。我常常覺得，也許我們只是運氣好些，環境好些，所以我們得以對機構內的孩子指指點點。然而如果我們也遇到類似的磨難或傷痛，說不定，我們和那些少年們，相去並不遠。沒出狀況的人，不見得是品格比較高尚，可能只是際遇的差別。所以，有人經歷了這樣的磨難，而讓我們有機會仔細琢磨與思索，於是，我們更能謙卑地演練人性。

推薦序　我所認識的林劭宇

高雄地方法院　侯弘偉法官

我和劭宇的比較多認識是透過一個轉介到安置機構的孩子口中知道的。那孩子當時用吉他自彈自唱著劭宇寫的「不瞭解我」這首歌，邊說著劭宇如何教他彈吉他以及劭宇多麼瞭解他，然後眼神展現中那種「信任」和「自信」是前所未見的。

那個孩子的原生家庭沒有任何家庭功能，也被寄養家庭「退貨」過，多次轉換生活環境後，在學校拒學、挑戰老師、不斷鬧事，然後又因為表現不穩定，被好多安置機構拒收。然而劭宇因為法院的一句話，風塵僕僕搭了三個小時的夜車，凌晨才辦好手續，接回這孩子。

我更認識劭宇，是有次去探視自己安置到機構的孩子，在機構的一角發現他正徒手幫一個全身潰爛染上疥瘡的孩子上藥。因為疥瘡傳染力高，劭宇因為怕這孩子的疾病會傳染給其他孩子，所以二十四小時帶在自己身邊親自照料。當時看他幫孩子上藥時，卻沒帶手套熟練的幫孩子擦背，著實替他捏了把冷汗。他卻不以為意笑笑的說，他以前常幫染上疥瘡的孩子上藥，也從來沒有被傳染過，應該是有抗體了⋯更深的原因是，孩子因為疥瘡已經被很多人排斥了，心裡已受傷，擔心帶手套這個無意的舉動，可能都會讓孩子覺得再次被邊緣化。

劭宇常說：「或許很多人會以少年的觸法行為而標示他們是社會的危害者，但他們其實是困頓生命中的倖存者，『觸法』只是一種『求救』訊號。」

因為工作關係，總是可以不斷從旁聽到許多安置的孩子興奮的和我說：「因為劭宇哥的細心陪伴，所以通過了考試」或「因為劭宇哥的鼓勵拿過烘焙證照」、「因為劭宇哥……」許多孩子臉上的雀躍及感激之情，時常烙印於我的腦海中，那樣的感動難以言喻。

違反少年事件處理法由法院裁定保護管束及安置輔導之非行少年，多是被排斥於社會福利體制之外的孩子，這些家庭功能失彰，又無法符合社政保護安置的孩子，因為「觸法」，所以很多人就忘記他是「孩子」的本質，而認為他是應受「矯正」，而不是協助，能有像劭宇這樣的社工，願意無私的捨身陪伴孩子，著實令人敬佩。

劭宇和我認識的很多助人工作者及社工最大的不同是：他從來不刻意賣弄自己的專業工作方式或強調專業倫理界限，而是真誠、認真的和這些孩子「互動」及「生活」。一如劭宇書中所說：「只要我們一日不懂得欣賞這樣觸法的孩子，他們就永遠會是站在與社會對立的那一面。」我想，也或許是他從來不豎立起專業高牆、吶喊著專業口號，才能打破藩籬，真正走入觸法少年的內心吧。

作者序

我想，我可能再也沒有勇氣做社工了……

我的工作是少年保護社工，在少年中途之家從事觸法少年的安置輔導工作。

這麼多年來，對於少年輔導工作，我一直保有很高的熱忱，工作的熱情從未消褪過，但不可否認，多年的輔導工作，曾經讓我為了觸法少年的遭遇難過落淚，也曾經為了自己的處理不當而內疚自責，更曾經為了觸法少年的麻木不仁而無奈憤怒，甚至曾經為了自己的無能為力而內心焦灼。

在與觸法少年的生命碰撞過程中，我曾對他們嘆氣，對這份工作感到沮喪，質疑自己的工作目的與價值，期間經歷不少內心的衝突與矛盾。體系規範與自我價值的扞格，想法與作法上的相互抵觸，讓我的心情頓失所依。

我不禁懷疑自己的能力，也質疑過擔任社工的意義。這段時間，心情複雜難解，於是，我將這些年的經驗集結成冊，真誠地想要讓這些觸法少年能夠更被認識，進而更能被社會理解他們的處境。也提供所有的助人工作及輔導工作者能夠進一步地反思，觸法少年在輔導處遇中的諸多議題，進而讓「自己」及「觸法少年」的生命都能有所成長。

這本書的出版目的是希望能透過實務經驗，探討安置機構中觸法少年與社工的真實生命歷程，而非以樣版式的感人事蹟或者譁眾取寵的人物故事來強調輔導的成效。我想要呈現的是觸法少年的內在感受以及生存困境、社工的心境變化以及處遇困難。為了保護當事人，且呈現目前許多觸法少年以及安置機構的狀況，讓社工能更深思實際工作中所遭遇的困難。書中的人物、場景、時間、姓名，都經過改寫，但呈現的處境卻是最真實的現況。

這本書是我走訪幾個安置機構以及根據自身實務經驗改寫而成，其中不難發現，這群觸法少年們大都是「被迫」離開原生環境進入安置機構的，可以想像的是，他們的生命歷程在原生環境中，變已傷痕累累，之後，帶著這些創傷進入陌生的安置機構，更加無所適從。

寫作過程中，我一直試著同理思考，這些觸法少年究竟是以怎樣的想法來理解這段變動的生命經歷？變動過程中，他們不斷重新解構內在的歸屬與認同經驗，又該如何安頓自己的身心靈呢？「少年保護社工」與「觸法少年」在安置機構的相遇，在生命交會的過程中，將會產生怎樣的碰撞與衝擊？加上，少年與保護社工在安置機構中，彼此的權力結構本來就不均等，雙方的信任感又該如何建立起來呢？

透過二者交互敘說故事的方式，本書想呈現的是安置機構中觸法少年如何看待與理解自己，同時，也透過這樣的敘說，理解安置機構中的社工們，在面對這些少年時的心情，以及面對整體社會環境的無力感與自我價值的反省。

重要的是，觸法少年早已被社會邊緣化，他們自卑、反社會，最後成了弱勢的群體。然而這種邊緣化的處境在安置機構中似乎依舊在漫延，我衷心希望這樣的現象能被大家關注，而非以乞憐的方式來為他們尋求護衛。

這本書的出版並不是想給讀者一個標準答案，或者提供一個符合社會期待的結論，而是希望在閱讀的過程中，大家能共同思考如何更細膩地看待觸法少年的議題。我一直認為，人的互動是十分微妙的，永遠不會存在一種最佳模式，可以被無限的複製，而是隨著時間的流動，在互動中不斷地調整、不斷地相互學習。透過寫作也讓我不斷地反思，並逐步在調整我的工作模式。

曾經，我一度失去擔任社工的勇氣，但儘管一路走來跌跌撞撞，卻都蛻變成難得且具有價值的生命軌跡，我相信自己會一直勇敢走下去。

楔子　從一位觸法少年談起

一位多次逃離安置機構且多次觸法的十五歲少年盧安平，因再次犯案而被收容在少年觀護所裡。兩個月之後，他又再度回到了安置機構中。盧安平因為一直不適應一般正規的學校生活，所以，他堅持要轉入以職場體驗課程為主的技藝班，然而，觸法少年是不容易轉入技藝班的，他需要經過相當程度的評估。但為了能脫離一般學校的束縛，他向技藝班的老師拍胸脯保證，自己一定會認真上課，改掉從前蹺課、逃離安置機構，甚至再次觸法的壞毛病。

開學一個月之後，技藝班仍然讓盧安平適應不良，細究緣由，他明確地向我表明：沒有規範的生活才是他最終的想望，因為那種生活模式非常吸引人，所以，未到校、蹺課、霸凌同學、毆打老師、流連網咖、竊盜……等等觸法行為，他依舊樣樣都來，故態復萌。技藝班的老師開始質疑自己當初的決定是否正確，他問盧安平：「當初，你不是說轉入技藝班就會好好的上課嗎？你不也說過願意再給自己一次機會嗎？」然而，盧安平卻因為沒有辦法為自己的承諾負責，只得一而再，再而三的逃避現狀，最後，索性自甘墮落、自我放棄。

得知盧安平的行為之後，觀護人非常生氣，因為當時他在法庭上對法官、觀護人承諾要改過自新的話言猶在耳，責付安置機構之後，他的觸法情況不僅依然發生，甚至變本加厲。觀護人覺得盧安平已然沒有安置輔導的必要了，隔天開庭時，他建議法官讓盧安平裁定感化教育，讓盧安平透過封閉性的矯正教育來自我沉澱。我當時實在不忍心看安平被關進猶如監獄的少年輔育院，執行封閉式的感化教育，也不忍心看他被剝奪自由，所以，我為他據理力爭希望觀護人能再給他一次機會。然而，觀護人認為我不應該再替盧安平求情，必須讓他學會為自己的承諾與行為負責。

由於我的同理、包容，以及堅信盧安平能有所改變，堅持不讓他被裁定感化教育。最後觀護人被感動了，而不再堅持。我告訴盧安平大家對他都很失望，但也真的很願意相信他會改變，所以願意再為他爭取一次機會，希望他在學校裡能好好的上課，不要再自甘墮落、自我放棄，因為我真的很在乎他、也很關心他。

開完庭之後，盧安平告訴我，他一點都不想回學校，也不想去上課，他很喜歡也很享受霸凌別人、當老大的感覺。我愣住了，一時回不過神來。開庭之前，盧安平給我的承諾呢？

盧安平給我的回應是，如果不答應會改過自新，他就會被裁定感化教育，因為不想失去自由，所以他才敷衍地應允。

難道盧安平真的不能將自己的承諾當一回事嗎？難道盧安平真的不懂得珍惜每一個在乎他的人嗎？難道他的承諾只是利益交換嗎？我的內心充滿著許許多多的疑問，至今仍然沒有得到解答。我相信這段過程他一定也有過掙扎，也曾經嘗試著信任我，努力的想給彼此機會，試著去改變，只是，在努力的過程中，他找不到成就感與滿足感，最後，只能退回原本熟悉的生活型態，深陷其中、無法自拔。

我心疼盧安平總是在一個階段之後就結束一段人際關係，也心疼著他總是認為與別人起衝突都是別人的錯，學不會發現自己的問題，也學不會在一次次的錯誤中反省自己，使得原本願意關心與包容他的人漸漸遠離，直到眾叛親離，最終，遍體鱗傷的他，只能孤單一個人。

盧安平，你知道嗎？我與你同樣在這個過程中受了傷。因為你，我願意放下許多既有的價值觀，全心全意相信你、關心你、包容你。

盧安平，你知道嗎？我的優點是「心」，弱點也是「心」，因為我比別人更容易被你觸動，比別人更容易發現你的改變，比別人更容易看見你的努力，所以，我能一次又一次相信你給的承諾。

這個過程中，我總是對你有所期待，期許你能學習為自己負責、期許你能學習自我反省、期待你能學習不再任性妄為、期盼你能學會克制自己的情緒，更期許你能學習珍惜關心你的人。

一輩子，人來人往，能碰到幾個真心關心你、包容你、一再願意給你機會的人呢？盧安平，加油！嘗試坦誠地面對自己，別讓真心對待你的人再次失望，也別再讓自己深困泥淖、無法再前進。

在這許許多多的故事裡，首先我們必須理解什麼是「觸法少年」、在法律上我們對於這些觸法少年的處置方式、包括司法條件、安置機構與少年保護社工等等，每一個部分都有詳細的規定（詳見附錄）。但規定與規範是死的，同理心才是真正能幫助他們重新建立新生活的最佳途徑。

我想在本書中探討這些安置機構中的觸法少年，究竟是以怎樣的想法來理解生命歷程？在轉換過程中、不停解構又重新建構內在歸屬與認同過程中，他們又是如何安頓自身的？與觸法少年生命經驗迴然不同的社工，又該如何走進他們的內心？在安置機構雙方的交集之後，彼此會有怎樣的碰撞以及衝擊?就讓事實自己說話吧。這本書裡故事的主角不一定是「觸法少年」，也可能是「少年保護社工」，他們心裡都有許多話要說，許多的衝突，無力感，失望，懷疑與挫折，將交互出現。

其實，他們在現實的權力結構中本來就不平等，不平等的關係要如何建立起信任感呢?雙方又該如何將自己「安置」於在一個刻板的機構當中呢?深陷邊緣化的絕境少年，本來就對自我價值產生相當大的負面感受，自卑、反社會心態、邊緣人的標籤……等等，但到了安置機構，這種尊與卑的不對等關係，依舊千絲萬縷的綿延而至，這到底是幸還是不幸?

而「少年保護社工」與「觸法少年」在安置輔導場域中所經歷的生命交會，共有三個階段：被迫安置、接受安置，與結束安置。這三個階段對雙方而言都是艱鉅的挑戰，不管社工還是少年，都在其中尋找彼此的生命出口。

被迫安置

——不一樣的生命相遇：少年保護社工和觸法少年的初識

初見觸法少年溫青霖

窗外豔陽高照，映入眼簾的，雖然是好山好水，空氣卻顯得異常沉悶。那是我第一次見到十七歲的溫青霖。

溫青霖長得眉清目秀，模樣很好看，說起話來卻依稀可見齒間有著難以抹去的泛黃，他說那是開始吸食K菸之後才留下來的痕跡。他很聰穎，對於事物的描述以及組織邏輯異常清晰。他曾經對我說過他的經歷，也說過生命中所發生過的大小事情，無論好壞，那些都是將來的借鏡。他曾經在街頭跟了幾個黑幫老大，然後，過了將近兩年的浪蕩生活，最後，因毒品案與傷害案被抓，在少年觀護所收容一段時間之後，由法院裁定安置輔導在少年中途之家（附錄之五），準備開始一段全新的生命之旅。

他的外在看起來乾淨白皙，個性安靜羞赧，如果他不說話，看起來就是個純真且乖巧的男孩，很安靜，模樣很討人喜歡，只是，手上佈滿了各種傷痕。問他這些傷痕是怎麼造成的？他很誠實地數算著每一道傷痕的履歷，甚至拉起褲管說，這道傷痕是與誰打架留下的，而那

《不了解我》

詞／曲：林劭宇

◆

沒有人想我　沒有人懂我
我獨自的生活
沒有人疼我　沒有人愛我
我也從沒在乎過
我真以為我很灑脫　卻藏不住無盡寂寞
我心找不到出口　用盡所有的理由
出了差錯　還當我是藉口
我也很想好好過　給我作夢的理由
別來管我　別來左右我
不了解我　不了解我
我比誰都要懦弱　不想被看穿脆弱
我心找不到出口　只想放任的自由
出了差錯　後悔已太多
已經決定好好過　找到作夢的理由
別來管我　別來左右我
不了解我　不了解我　不了解我　不了解我

道傷痕則是幫黑幫老大充場子時被砍的……

他曾經在街頭逞兇鬥狠，砍人從不手軟，也曾如兇神惡煞般地隨機搶劫，更曾沉迷於迷幻藥物而無法自拔。直視他時，只見他平淡地笑著說：「升上國中之後，我就是個壞胚子了。」

他突然轉頭直視著我，隨即又低下頭沉默了好些時候，繼續自顧自地說著許多離經叛道的「英勇行為」，但用的卻是稚嫩的聲調以及興奮莫名的口吻。

如此驚心動魄的生命經歷，溫青霖說來卻是一派輕鬆，彷彿說著的是別人的故事。我靜靜地聽著，不知該如何回應。

通常這時立即湧上來的念頭是善意的規勸，我在心裡暗忖著這些話：「溫青霖，我知道這些生活經驗很有趣，不過……」，但終究，還是沒有說出口。想當然爾，一定也有太多的師長親友用過類似的口吻來勸過他，卻徒勞無功，這時，我是不是應該少一點點道德譴責呢？

換個方式吧，「真有意思呀！溫青霖，再多說一些吧！怎麼會有這麼特別的事情……」

但我還是沒有說出口，因為這樣的口氣實在是太阿諛了。我深深地覺得這孩子在純真的臉龐底下，深藏著許多心事，我由衷地希望他能對我卸下心防。

最終，我還是開了口。凝視著他，我平靜地說著：「溫青霖，你終於擺脫那些沉重的包袱，找到可以發洩情緒的方式了。」沒有太多的諮商技巧，我只是要求自己能誠實地同理溫青霖的處境。

忽然之間，興奮的口氣消失了，許多的憂傷與困惑在溫青霖的眉宇之間來回湧現，雖然他立刻掩飾武裝起來，並迅速回復原本蠻不在乎的模樣，繼續爽朗地說著那些血跡斑斑的「快樂的事情」，但終究還是讓我窺見了他內心的脆弱與不安。

我是漂泊的少年郎——溫青霖的自白

我的朋友都說我不好親近，我想，這是家庭的影響吧！我習慣與別人保持距離，也習慣隱藏自己的情緒，因為說了也沒有人會聽，對我更是沒有任何幫助。記得國中一年級時，我被學長恐嚇毆打，卻沒有人可以傾訴。那個時候，我只好躲在撞球場抽菸，加上一直不喜歡去上學，也不喜歡遵守校規，很快地，我就不再去學校上課了。我很清楚家裡的經濟狀況並不好，媽媽過世了，爸爸不是窩在家裡就是不知去向，所以，我決定找個自立更生的方式來生存，後來，透過撞球場的朋友引薦，我認識了虎哥。

虎哥提供我住處以及零用錢，而我則是跟著他「處理」一些事情。那年，我十四歲。我們那群朋友，很多都是像我這樣的孩子，他們與我一樣有些迫不得已的原因，被這個社會放棄了，有些可能只是想武裝一下自己，並且從中找到一些認同。

過了幾天安逸的日子之後，虎哥突然對我威脅利誘起來：「不去偷點東西回來，就沒有東西吃！」並作勢要將我趕出去。然後，又對我說他會用心栽培我、給我獎金分紅。後來的幾天，他教我如何偷水溝蓋或電纜線，再拿去賣錢。偷水溝蓋或電纜線幾次之後，他就要我去搶劫，因為我沒有經驗，於是他帶著我去「實戰演習」，先看其他小弟怎麼搶奪手機，然後，他就帶我到另一個鬧區，接著，指著一個女人，叫我快去搶。我實在太緊張了，結果第一次作案就被抓到，拘留了好幾個小時，警察通知爸爸來保我出來，只記得當時爸爸用力賞了我幾記巴掌，接著咆哮著對我說：

「你要死就死在外面！不要和我有任何瓜葛！」就從那時候起，在我心裡和爸爸的關係就已經徹底破裂了。

離開警察局的第二天，我跑到公園草地上大睡一覺。醒來之後，發現褲子兩側的口袋都被刀片刮破了，幸虧當時虎哥分給我的百元鈔票還在。

吃完早餐，我還是覺得很餓，這時，幾個與我年紀差不多大的少年走過來，說要帶我去吃東西，他們對我很好，接下來的幾天，我都跟他們一同吃、一同睡、一同玩樂。大概過了一個月，他們帶我去見了另一個老大——龍哥。龍哥不像虎哥那樣會強迫我做事。有一次，我看到他們在付房租，一個月兩萬塊錢的房租哪，我很羞愧，不想再這麼白吃白住下去，於是，決定跟著龍哥，想報答他們對我的好。

那時，龍哥告訴我，這個月以來，他一直很關心，也很心疼我，覺得我既聰明又講義氣，所以，一直很希望我能跟著他做事，他也願意繼續照顧我，要我安心住下來，不過，又不好意思開口強迫我去做什麼事。

學校那兒，我肯定是回不去了，而爸爸也從來沒有關心過我，對我來說，有爸爸也等於沒有爸爸。但龍哥不一樣，他是我生命中的貴人，在我走投無路時對我伸出援手，我當然應該義無反顧地跟著他，我在心裡暗自立誓要好好地回報龍哥對我的倚重。龍哥每個月給我兩萬元，另外，還能抽成分紅，他說兩萬元只是基本的薪水，實際薪水就要看個人的努力了。

龍哥的「企業」頗有規畫，而且責任分工清楚。工作大致就是做車手、做打手、顧場子、對帳、跑夜市賣光碟、頂罪……等等。如果去頂罪，除了有一筆很大的安家費之外，從監獄出來之後，或許還能在道上闖出點名聲。

「反正你沒有家累，也不必擔心被關之後會對不起誰，況且，龍哥對你這麼好、這麼倚重你，這麼願意栽培你，我想頂罪都還沒有機會咧！」明峰曾經羨慕地對我這麼說。明峰不止是龍哥的小弟，也是我的好朋友。

後來，我發現龍哥的企業組織很嚴明，有很多事情是我不知道的。有一次，跟著龍哥出去，在暗巷裡被一堆人伏擊，因為想回報龍哥對我的好，我奮不顧身地替他擋了幾刀，立刻得到龍哥的信賴，將我視為心腹。

那兩年，我很享受那樣的日子，雖然心裡很空虛，卻又深陷在被吹捧的感覺裡，沾沾自喜，無法自拔。

那陣子，龍哥總是將我帶在身邊，請我吃很棒的料理，帶我逛很高級的商店，買了很多的名牌物品，然後，再去嫖妓、拉K、呑搖頭丸……突然，我覺得自己很厲害、很風光，整個世界都像被我踩在腳下一般。

接下來的日子，就是每天打打殺殺的，隨著龍哥去充場面砍人、作案，然後，吃喝玩樂，日復一日。

然而，發生了一件事，到現在想起來我還是覺得很懊悔。那一次，我搶了一名中年男子一萬多元，後來，無意之間發現那名中年男子連續好幾天都在傷心哭泣、一直在找他被搶走的錢，之後，我才輾轉得知這筆錢是他要拿來幫兒子治病的救命錢。

這個爸爸真好啊！如果我爸爸有他一半的好，我就心滿意足了！當時，我很想將錢還給他，只是，錢已經花掉大半了，我真的沒有勇氣去還錢。為了這件事情，我不開心了好一陣子。

有一次龍哥說是為了測試我們的膽量，要我們去挑釁另一個幫派的小混混，那次的後果很悽慘，我的手腳差點被廢掉。

當時，我們跟著龍哥在鬧區閒晃，撇頭一看，見到另外一個幫派的幾個小弟和他們的女朋友也在那裏閒逛。龍哥用眼神示意要我們下手，為了出頭搶功，一個箭步，我去搶了其中一個女人的手機，拔腿就跑，那女人一邊追一邊喊：「搶劫了、搶劫了！搶劫了……」，我轉了個彎，一個男人衝出來揪住我的衣領，被我一把甩掉了，我繼續往前快跑，沒有想到前面有兩個騎摩托車的同黨，他們將鐵棒一橫，我就高速地撞在鐵棒上，整個人摔暈了過去。

等我醒過來，手腳已經不聽使喚了。一個肥胖的女人朝我走了過來，我對她罵了句三字經，她順手操起一塊磚頭，嘴裡一邊唸著：「打死你這小鬼！」一邊用磚頭猛砸我的手。

在這之前被我搶了手機的女人就猛踹了我的腳，一邊踹、一邊喊：「誰叫你跑這麼快，踹爛你的狗腿！踹爛你的狗腿……」。就這樣，我被打了十幾分鐘，幸虧龍哥派人來，她們才罷了手，否則，我的手腳應該已經殘廢了。

萬萬沒有想到的是，龍哥的人來了之後，居然是先朝著我的身體用力猛踹一腳，頓時，我又痛得差點兒暈了過去。只見，龍哥的人陪笑地說：「我們的小弟不懂事，你們大家就放過他吧！我帶他回去好好教訓教訓。」

我當時真是恨死他們了！一滴眼淚都沒有掉下來，我在心裡不斷地吶喊著：「你們打吧！總有一天，我要將你們全殺了！」

口吻略帶激動，溫青霖的眼神裡似乎露著陰森森的仇恨之光，說完之後，他又突然變得很平靜。後來，陸陸續續發生的幾個案件，最終讓他進了少年觀護所，幾個月之後，他直接被法院戒護到安置機構來

我不知道我的生日

——溫青霖的童年

小時候，我很喜歡鳥，也很喜歡小貓、小狗之類的小動物。我常常抓了許多鳥，將牠們飼養起來，然後，再將牠們的翅膀一一剪掉。因為我真的很想留住牠們，不想要牠們飛走。我的生活裡能留下的東西實在太少太少了，沒有親情，也沒有朋友。抓了牠們，我想好好地照顧牠們，只是，這些鳥還是都被我養死了。

小時候，我的爸爸媽媽整天吵吵鬧鬧，後來，就沒有再見過我媽媽了，大家都說她自殺了，若是現在沒有看到照片，我還真的是記不起來她的模樣。

我爸爸根本不關心我，除了在市場做生意之外，就是簽六合彩，整天不回家，只知道賭博。那次受傷之後，我逃離了龍哥那兒，返回家裡，爸爸怕麻煩，帶我去看一些沒有執照的密醫。那密醫說如果打麻藥就要縫八針，不打麻藥就只要縫四針。為了省點錢去賭博，爸爸竟然要求醫生不必打麻藥，最後，連線都沒有拆。若不是我自己拿剪刀胡亂扯下來，現在線頭應該還在腿裡吧！

我的生日，爸爸都記不住。小學四年級時，老師讓每個同學寫個人簡介，內容包括姓名、生日、父母……等等。因為我從來沒有慶祝過生日，所以，就將生日那個欄位空下來，老師以為我不會寫，就叫旁邊的女同學幫我寫。不過，無論那位女同學怎麼問，我都說不出來自己的生日是哪天。老師以為我在故意搗亂，便對著全班同學大聲喊道：「溫青霖，你的生日究竟是幾月幾號？」我大聲回答他：「我不知道！」霎時，全班哄堂大笑，我卻羞愧得想馬上逃跑。

從很小的時候開始，我就學會了做飯、炒菜，味道還算可以，不過，只做我一個人吃的，我從來不管我爸爸，反正，他也不會管我。我爸爸常常不在家，通常家裡面只有我一個人。偶爾我也會去速食店或便利商店討些乾淨的廚餘來吃，那是為了要讓自己活下去的方法之一，當時，我就已經開始去外面偷東西了。

有一次，我發高燒，三天都沒有吃東西，家裡面沒有人關心我，爸爸回來看到我快死掉的樣子，才流下一點點眼淚，那是他唯一可憐過我的一次。

回想過去的日子，只有小學六年級時的班導師何老師像是我的親人。當時，班上經常丟東西，何老師可能也意識到那都是我偷的，不過，他從來沒有說出來，他只是勸我要走正道。在少年觀護所時，我寫過信給何老師，沒幾天，他就回信了，他在信裡說我的本性很善良，只是因為家庭環境不好，才會變成現在這樣，他要我好好地反省、重新開始新的人生。我一直很感激他，只是，後來輾轉聽說他沒有繼續教書了。

等到在安置機構的生活更穩定一些，我也有了一點成就之後，我想向安置機構請假，回去再當面謝謝何老師，也想將一些事情做個結束。不過，我絕對不會告訴我爸爸，也不想再見到他，我想趁他不在家的時候，將想拿的東西通通拿出來，尤其是要將媽媽的照片偷出來。我在廟裡拜拜時，關聖帝君答應過我，如果我有媽媽的照片，祂會幫我找到天上的媽媽。

一條風光的江湖路？

千萬不要和黑幫扯上一點兒關係，這是我接觸觸法少年那麼多年的感想。

在學校或是家庭裡找不到溫暖，這群少年最後被社會遺棄，然後開始流浪，跟著黑幫老大做小弟。第一次犯罪可能先從竊盜案或吸食毒品案開始，然後搶劫、燒殺擄掠，為了搶功拚膽，毫無顧忌地往前衝，在台灣法律保護未成年的體制下，最嚴重的頂多是進少年觀護所，或裁定矯正體系的感化教育，出來之後，往往又走回老路，這是在社會邊緣流浪的問題少年的典型宿命。

這些孩子真的很可憐，還沒學會游泳就被丟進社會汪洋中載浮載沉，只能獨自掙扎，等到氣力快耗盡時，忽然碰到一群命運相仿的同伴，於是開始相互取暖、相互依偎。如果這個社會拋棄他們，他們一定不會再對這個社會懷有任何善意，隨時可能成為社會中犯罪的毒瘤。

我曾經帶過許多觸法少年，所以非常清楚現在黑幫深入校園、流竄於社區之中的嚴重程度，無論是假黑幫抑或是真黑幫，少年犯罪事件層出不窮。那些吸收少年的黑幫，常以標籤控制方法，讓新進成員從事犯罪活動，留下前科紀錄——亦即所謂「工作證」的方式，一方面考驗其忠貞和勇氣，一方面使其很難再與黑社會以及犯罪集團脫鉤。然而據我了解，觸犯法律的孩子，有的只是一時衝動，有的則是一時好奇，從來沒有一個是真正的壞胚子。

黑道就像軍隊，會把握或利用各種可能的管道，進行人才招募與培訓。最典型的例子，就像溫青霖那樣，進去黑幫之後，將其納為手下，每個月給個三至四萬元（可能依照學經歷區分價碼薪資），或是兩到三萬元（一般小弟的價碼薪資）的零用錢，實際價碼薪資還可以依個人的表現而向上調整。

個人表現是什麼？即指所謂的特質。黑幫有像溫青霖這樣因毫無家累而被倚重之後，不斷搶功向前衝的類型，也有一般的無賴，那些無賴就只會欺善怕惡，做個地痞流氓。而黑幫組織再依每個人的特質分配工作，做車手（協助犯罪所得提款）、做車伕（載送特種行業的小姐），圍事（顧酒店、顧賭場）、做打手（討債），甚至是頂罪（內含安家費）……等等，不止是給錢而已，同時，那也顯示他在組織中的地位，尤其黑幫會時時刻刻測試手下的忠誠度。

有些突發事件，可能都是老早就安排好的。像是跟著黑幫老大出去，卻在暗巷被伏擊，如果沒有代替老大挨刀或是護送老大平安離去，很快地，就會被分配到不好的工作崗位去。就拿頂罪來說，有時不頂罪都不行，很多小弟會急著想拍馬屁就衝去頂罪，不止可以提升自己在組織中的地位，更可獲得為數不少的安家費，不過，有時案件實在是太棘手，安家費不僅拿不到，還會直接被入罪栽贓，想逃都逃不掉，進去感化院或是少年觀護所之後，也常常會被其他黑幫分子修理，每天都有莫名其妙的苦頭吃。

與觸法少年接觸多年之後，我總覺得江湖路上成功的人很多，但失敗的人卻更多，在黑幫裡生存，幾乎都得踩著別人的屍體往上爬，才能成就自己非凡的「功勳」。現在這個社會，許多青少年感到迷惘，或許是在課業、家庭、朋友各方面找不到他們想要的支持，但卻能在黑幫那兒尋求到一點點溫暖，只要一點點的關心，他們便天真的以為那裡是他們的依歸。他們以為公祭時穿著企業的T恤，就能高人一等；他們以為步出校門時，與外面的黑幫一起欺侮同學，就能「走路有風」；他們以為幫黑道老大砍人、擋刀，在組織內快速升等，就能昂首闊步、不可一世。說穿了，所有的小弟都只是黑幫控制下的一枚棋子而已。

在黑幫組織裡，不乏名校的高級知識分子，他們以專業的知識來協助犯案，對於黑幫來說這些人是不可多得的人才，他們的薪資不僅穩定，而且極其豐厚，常常有額外獎金可拿。

這讓許多青少年產生錯覺，覺得在外面工作錢少事多，在黑幫裡工作則是錢多事少。

想摧毀一個人，就先讓他安逸、讓他麻痺。吃很高檔的料理、逛高級的名店、買很多名牌的行頭，最後，人的意志真的會被削弱。當吃慣了高檔異國料理或只去氣派豪華的大餐廳用餐之後，再看到超商裡的御飯糰或大亨堡，還會有食慾嗎？當住習慣華麗的獨幢別墅，還會記得以前租賃的鳥籠雅房嗎？當出門代步不是開著百萬跑車就是隨手招計程車後，還會去硬擠猶如沙丁魚的公車和捷運嗎？

當被黑幫老大叫去收債，瘋狂地手持亂棒砸毀受害人的房子，看到瑟縮在一旁發抖的孩子，卻沒有絲毫憐憫心時，久而久之，待在黑幫，真的就會變成那副麻木不仁的樣子。

最後，有些黑幫小弟完全失去分寸，連老大規定的原則也不再聽從（某些黑幫老大會規定不能對老弱婦孺下重手，或是不能有性暴力），還是會違反戒規。誰沒有親人？當看到黑幫連小孩子的腿都要打斷，連阿嬤都要欺凌，向警察檢舉，警察也置若罔聞的時候，真不知道從此還能再相信誰？黑幫老大把小弟訓練成殺人機器，是要幫他賺取更多的金錢，如果不受教聽命，就以幫規處置，或是丟給警察做業績。警察並非全是壞蛋，好警察也不少，但可惡的警察卻比可惡的流氓更可惡！如果小弟知道自己是被老大做掉的，那麼，進去感化院或少年觀護所之後，他還會再去找尋新的老大做為靠山，等到出獄之後，繼續回頭尋仇。少年監獄等同於是再進修、再進化的場所，反彈的力道更是駭人，製造的社會問題也更多，而且，黑道尋仇與報復事件是永無止境的，手段只會更殘暴，波及的人也會更多，一個又一個悲慘的故事更是在社會各個角落，不斷地在發生、上演著。

黑道，不僅是一條難走的路，而且，還有吃不完的苦頭等在那頭……。

江湖路上多險惡

溫青霖，十七歲，紀錄報告上顯示他國小六年級就開始出現偏差行為，國中一年級就開始一連串的觸法行為，最後，因為傷害、吸毒以及原生家庭功能不彰等等原因，他被少年法庭裁定安置輔導至今。

溫青霖只知道自己是北部人，父親曾經在市場做過生意，不過，具體地址怎麼都記不起來，紀錄當中也沒有特別載明。

他總覺得這個社會中沒有一個好人，認為過往的生活經驗都是互利共生。親友不理會他，是因為他沒有任何利用價值；黑幫老大倚重他，全是因為要靠他做案獲利。他只覺得這個世界上沒有人在乎他，即便他死去，也沒有人會知道、會在乎。

「就算我死了，在這世界上也只是很渺小的一件事。如果今天不是被法院裁定到安置機構，我想，即便林老師你在街頭遇見我，你也不會理睬我，而我更不會理睬你。」這是溫青霖讓我印象很深刻的一段話。

其實，聽到溫青霖的身世，我並不特別難過，因為那只是我在輔導眾多安置機構觸法少年的其中一種典型。只是，溫青霖偏激忿恨性格以及溫良敦厚本性的矛盾衝突，著實讓我難過。他自述時，就曾經激動地說著：「我爸爸曾經對我說過，你要死就死在外面！不要和我有任何瓜葛！」

他真的覺得這個社會上所有的人都和他爸爸一樣，將他的存在視為可有可無，視他如無物。他接著說道：「你們都以為混混很可惡，都覺得我們逞兇鬥狠從來都不會害怕，也不會有心理壓力。其實，你們都錯了，我們也很緊張，像我每次做案時都特別害怕，並不是怕被抓住受懲罰，因為出錯受懲罰是應該的，我才不怕，我最怕的是看到別人看我的眼神，那是一種瞧不起你的眼神，我特別害怕，我不想再看到那種眼神。所以，現在我只想做個好人。」

聽到那番話，我非常驚詫，萬萬沒有想到一個才十七歲的孩子會說出這樣的話來。說這些話時，他眼裡噙著淚水。我推想著，這短短幾句話，他可能已經在腦海裡迴盪過無數無數次了。

紀錄當中，記載著溫青霖是個家暴受虐兒，他的家庭很不和樂，爸爸喝了酒就會胡亂打他。當時，溫青霖的媽媽曾經說過：「你再打他，我就死給你看！」但他爸爸卻冷冷地回應說：「那妳去死啊！」不久之後，他的媽媽就跳樓自殺了。所以，溫青霖的爸爸很恨溫青霖，覺得這孩子是個禍害，是他害死了他的媽媽。

國中一年級時，溫青霖跟了幾個黑幫老大。第一個黑幫老大教他偷東西，剛開始是偷鐵、偷不鏽鋼去賣，後來去搶劫。他說那個黑幫老大讓他學會一個道理，那就是人跟人之間都只是相互利用罷了。他跟了那個黑幫老大好幾個月，偷了許多東西貢獻給黑幫老大去賣錢，黑幫老大卻都只給他一點點錢，某一次因為失風被抓，從此之後，黑幫老大就對他未加聞問了。

在那種情況下，他覺得如果不再去依附另一個黑幫老大再去偷、去搶，就沒有辦法活下去。之後靠著一群同年齡的朋友引薦，他認識了另一個黑幫老大，那個黑幫老大知道他毫無家累而且走投無路之後，便納他為小弟。

為了測試溫青霖的忠誠度，他經歷了暗巷伏擊，挺身替黑幫老大擋了幾刀，黑幫老大為了要試他的膽，就讓他去挑釁另一個幫派的混混。就在他失手被抓，快被打死時，他也絲毫不感到害怕，天真的以為黑幫老大會一直做他的後盾，一定會一直一直罩著他。

失手之後黑幫老大為了卸責，硬是讓人狠狠地補踹了他幾腳。那次之後，他又陸續換了幾個黑幫老大，仍然繼續跟著一群志同道合的朋友去犯案、吸毒、爭地盤。最後，他也開始收小弟了，當中有父母離婚的，也有從小沒有家庭的，總之，都是一群被社會遺棄的懵懂孩子。

幾次做案之後，由於利益衝突，被最信任的兄弟出賣背叛，他進了少年觀護所，收容了好幾個月。

「當時，我真想一輩子被關進監牢裡，外面的世界很大，我既沒有學歷，也沒有什麼技能，我生命中最重要的兄弟、女人、還有錢，都沒有了，我出去還能做什麼？我這輩子就只能這樣了……。」當時，他無奈地這麼對我說。

最後，法官問他對於未來有什麼規畫，他說他很想去念高中，看看能不能再混個大學來念，因為要讀書才能找得到工作，這樣，不做壞事也才能活得下去，對社會也會有點貢獻。於是，他先被法院收容於少年觀護所，再由觀護人尋求願意接受讓他安置輔導的機構，等待法院裁定中。

是一個怎樣變動的生命？

國中一年級時的溫青霖，因為在學校受到學長的恐嚇以及毆打，致使他開始流連撞球場，進而認識了同樣被學校體制排擠在外的一群人，當他認為沒有人可以給他任何幫助時，心裡唯一的想法就是，去外面認識更厲害的人，回來就可以報復欺侮他的人。當他重新回到學校時，早已經滿身惡習，學校亦對他避之唯恐不及，只要發現他和同學講話，老師就會立刻將同學喚走，仔細盤問談話內容，視他如病菌一般，深怕他的惡習會傳染給其他同學。從那一刻開始，他再也不去學校了。

事實上，學校裡的輔導主任大都是兼任或者是等待退休的行政人員，不見得有輔導青少年的專業背景，很多老師更是忙於教學備課、參加校際競賽、管不動學生，甚至於不想擔任級任導師，害怕班上會有像溫青霖這樣的「壞分子」，會帶壞其他同學，難以面對家長們的責難。同時，面臨少子化的問題，學校最有壓力的還是「升學率」，家長會因此決定來不來學校，若是學生人數少了，教育局就會減班，老師就會因為超額而被遷調，變成流浪教師。像是溫青霖這樣的燙手山芋自發性地離開，也順勢解決了學校的難題。

我常想，如果溫青霖很幸運，在生命歷程中，都能碰到如同國小高年級的班導何老師一樣的人，能看見並且對他脆弱的內心給予同理關懷，那麼他的命運會不會有所不同？我也曾經想像著，如果何老師能繼續與溫青霖聯絡，國中一年級時，當他碰到許多事情求助無門時，或許何老師能拉住他一把，那麼狀況會不會因此而不同？我又想像著，為什麼像何老師這樣的好老師會選擇離開教師崗位呢？是否在後續的教師生涯中，曾經因為溫清霖而面臨家長龐大的壓力呢？是什麼樣的壓力？有辦法宣洩嗎？又或者，社會能給予這樣有心的老師多少支持？還是只會一味地譴責他沒事找事做，覺得他接觸這些問題少年會帶來學校和社區的嚴重問題？

在溫青霖的故事中，不難窺見，他的成長經驗無論是在情感的支持或者物質的生活條件上都頗為匱乏，終日只能面對沉溺於賭博、酗酒而且有暴力傾向的父親，加上母親早逝，在情感需求難以滿足的狀況下，為了留住喜歡的小動物，便以殘忍的方式剪掉小鳥的翅膀。可見在家庭經驗中，他除了缺乏關愛之外，更找不到生活上的歸屬感與安全感。

我們可以想像溫青霖在成長經驗中，有別於一般社會中青少年的經驗，我藉此將少年的觸法行為歸因為：觸法少年在童年家庭經驗中找不到安全感，也欠缺關愛。儘管從家庭延伸到學校之後，也因學習受挫而被教育體制排擠。最後，在體制外的幫派文化中，找到自我存在的價值以及前所未有的成功經驗，自然而然地，便會反覆地將自己置身於觸法行為之中。

在社區中，溫青霖透過同樣流離在外的少年認識黑幫老大，後來，因為表現傑出，漸漸地受到黑幫老大的倚重和信任，而開始了觸法生活，並從中找到自我認同以及價值。融入這樣的觸法生活之後，從幫派工作種類的分工以及黑幫老大所形塑的未來前景中，重新讓他找到校園學習裡所沒有的成就感，開始肯定自我存在的價值。幫派持續透過物質的利誘，讓溫青霖一步一步陷入習慣觸法的循環當中，從而開始了他的江湖路。

由此可見，同樣在幫派團體中，透過黑幫組織的專業分工以及學習到的行為手段，溫青霖逐漸找到自我定位，也因而愈陷愈深。除了在家庭找不到溫暖、在學校找不到學習成就，重新透過黑幫找到自我存在的價值以及成功經驗外，溫清霖似乎也可能是為了想彌補成長經驗中負向經歷的缺憾。

與觸法少年接觸多年之後，我發現觸法少年的特質與一般人刻板印象中放蕩不羈的「犯罪者」或「不良少年」似乎不太相像，反倒是與一般少年的特質沒有太大的差別，甚至於更加多愁善感，情感敏銳，渴望被愛、被關懷、被讚賞。

另外，我也發現溫青霖的成長背景，與一般社會想像的少年成長背景截然不同。首先，他的原生家庭功能不彰，此種不穩定與混亂的家庭環境，讓他無法學習到較正向的行為；再來，他的家庭較缺乏關愛與溫暖，在家中感到無聊或是缺乏陪伴時，只好流離在外，尋找同伴；此外，他的身邊總有所謂的「虞犯」（指經常與有犯罪習慣的人接觸、進出不良場所或逃學、逃家，有過犯罪行為的人）或「行為犯罪者」，教導他做一些偏差行為，例如：偷竊、抽菸、蹺課、吸毒。而在原生家庭功能不彰、學校處遇不當、社會功能又不健全的狀況下，確實也無法阻止「觸法少年」再與「觸法少年」互相接觸，又或者「觸法少年」原本就是學校或社會所放棄的一群，乾脆將其順理成章地排除於社會體制之外，致使觸法少年進入所謂「自然而然觸犯法律」的命運中而無法自拔，最終，只得進入司法處遇流程中，成為被社會放逐的一群人。

中途思考

面對觸法少年：矯正？權利？

實務經驗中，我發現孩子一旦中輟，就容易被引誘犯罪。對於中輟，預防絕對勝於治療。觸法少年往往被邊緣化，若是一般的少年，我們都認為他有受教育或享有福利的給付權利，但是當他成為觸法少年時，很多人就忘記他身為少年的「本質」，而認為他應該受「矯正」，而非享有「權利」。

其實觸法少年的行為成因往往是很多層面互動的結果，包括個人性格、同儕、家庭、學校、社會環境……各層面彼此相互作用和影響。在Albert Bandura的社會學習理論中也表示，案主的行為會透過觀察、學習、模仿而來，因此，即便案主未親身經歷某些事件，也會透過他人經歷給予的獎懲或評價來改變個體的行為表現，並且認為人類的學習是個人與其特殊的社會環境持續交互作用的歷程。

心理分析理論學者 D. Abrahamsen 認為，犯罪是人格結構中自我與超我衝突，無法妥協之結果。例如少年犯罪是因為無法控制本我，加上幼年期遭遇不愉快的經驗，或是原生家庭無法提供適當的愛與照顧，使得少年之自我功能受損，無法適應生活，進而產生反社會性人格。而 Gottfredson 與 Hirschi 的自我控制理論中也強調，個體之所以犯罪，主要是來自於低自我控制。相較於高層次的自我控制，是來自於父母的有效監控與教養，個體的犯罪傾向即隨之降低。

而 Edwin Sutherland 的差別接觸理論講述犯罪行為是否產生，是由於每個人對外在經驗聯結的方式不同，當一個人接觸有利於犯罪的定義多於不利於犯罪的定義時，很可能就會產生犯罪行為，將觸法少年的偏差以及犯罪行為，詮釋成透過與他人互動的學習，強調人們在其環境中與同儕或他人的互動，浸入其偏差環境愈頻繁、愈久、愈強烈的人，愈可能變成偏差者。

不一樣的少年中途之家

「少年中途之家」，這個安置機構有很獨特和文化背景，機構中安置少年多是以司法處遇中的觸法或虞犯少年為主，同時也鼓勵更生成功的更生人進入少年中途之家擔任直接照顧孩子的生活輔導員，能以自身成功的生命經驗作為觸法少年的楷模。雖然多安置觸法少年，卻在教養模式上，力求人性化的處遇，而要如何協助這群觸法少年重新找尋他們的方向，並內化其正向歷程，一直是機構團隊不斷深思的議題。

我們一起嘗試、挑戰不同於一般矯治性觸法少年安置機構固有的權控與限制，例如：儘管知道有些孩子可能會自己去買菸，但每天上課外出時仍然會有零用錢和每週固定的福利金；儘管知道有些孩子去學校上課一定會出狀況，但仍然會不顧學校的反對，堅持捍衛孩子的就學權益；儘管知道孩子在安置機構打架或竊盜狀況不斷，仍然建議盡量不要裝設攝影機；儘管知道孩子外出工作會受到誘惑，可能會有更多問題產生，卻仍然鼓勵孩子要與社會接軌，擁有各種嘗試的機會；吸食毒品進來的孩子進出安置機構，並沒有難堪地要他們脫掉衣服做例行的安全檢查，取而代之的只是定期驗尿；假日時，孩子想和同學們一起去市區逛街，我們就在每個週休假日開著兩輛車一起去市區走走；孩子的家人或朋友大老遠跑來探視，就讓他們帶孩子出去吃飯散心聊天，我們不會監視孩子是否違規或違法，盡量做到尊重他們的人格。

因為我知道這群孩子被法院裁定安置輔導的理由，不是因為他們會抽菸，所以我們互相尊重，只要別在我們看得見的地方抽菸就好；因為我知道他們在學校一定也受了很多委屈，所以，在學校發生狀況時，我們寧願多跑幾趟，陪著他們一起面對和處理問題，只希望他們試著和一般同學相處、生活；因為我知道假使安置機構內裝設攝影機，只會讓他們的違規手段更嚴重；因為我知道即便不讓他們外出工作，也不會讓他們減少誘惑，畢竟他們總是有辦法達成目的；因為我知道每次他們回到安置機構，即便都和我坦誠以對，不過，真的想將毒品帶進來，仍然可以放在原子筆的筆芯或衣服和鞋子的夾層中作弊；因為我也知道家人或朋友帶他們出去吃飯散心之後，會偷偷地塞錢和菸給他們，但我也只是提醒他們要珍惜彼此相處的時光，如此而已。

我看過太多太多剛從少年觀護所或是感化教育出來的孩子，剛開始，雖然會帶著制式的用語和制式的動作，但就像放出籠的小鳥，開始時肆無忌憚地放蕩高飛，直到翅膀斷了才會再度回籠；我也見識過以權控管理風格為主的安置機構，在觸法少年乖巧有禮的外表下，卻在碰到情緒問題無處宣洩時，活生生地將池塘裡魚兒的鱗片一片又一片地慢慢拔掉，或是將青蛙的後腿割斷以凌遲的方式宣洩心中的不滿。我們可不可以都不要過得那麼辛苦、那麼疲憊、那麼武裝？我們可不可以一起努力試試和大家過著一樣的平凡生活呢？

我知道孩子們都是獨一無二的，期待他們能在這段安置期間發現自我價值、發揮潛能；我也知道大家都是需要被了解的，等到被了解之後，「心」的位置就能有所依歸且柔軟溫熱起來；我更知道孩子們都在尋找一個能停泊的地方，若是可以的話，誰願意流浪呢？其實他們也想成為社會上有用的人，只是目前還找不到方向而已。

我曾經在探視少年感化院和矯正學校的孩子之後，幾天來反反覆覆地作著同一個噩夢，夢見那些孩子溫和有禮地向我走來，然後紛紛拿下他們的面具，兇狠殘暴地向我抗議示威。在安置輔導之後，我真誠期待孩子們都能有自己的想法、學會分辨是非、坦誠地面對自己，別再以麻木不仁的心，凌虐別人，也凌虐自己。

在少年觀護所初相遇

溫青霖在進入安置機構之前，地方法院的觀護人先傳了一份他的安置輔導轉介單給我，請我評估安置輔導的可行性。調查報告中，他的觸法案件不少，尤其曾經使用過毒品的案件，讓我特別憂心。很快地，我回傳了一份接受安置輔導的評估報告，並表明我會盡快安排時間到少年觀護所去探視他。

安置機構團隊給我很大的彈性去發揮專業理想，原則上，在安置輔導的處遇評估中，安置機構是不會挑選個案的，也就是說，無論何種觸法類型或特質不討喜的孩子，在有床位的前提之下，安置機構都會尊重法院評估的安置輔導需求，接受觸法少年的安置輔導。

濟弱扶貧是社工的天職，怎麼忍心看孩子因為觸法紀錄太多，或孩子的輔導難度太高、太複雜，而去拒絕任何一個個案呢？所以，我們將這個難題丟還給委託安置輔導的法院，告訴法院目前安置機構的現狀和限制，如果法院覺得孩子適合我們這樣的安置機構，我們就會接受孩子的安置。這段期間，除了會回傳一份簡單接受安置的評估單之外，也會在觸法少年進入安置機構之前去探視他，讓他了解安置機構的狀況和規範，同時，也會確認他是否有意願接受安置輔導，並且做出彼此的承諾。

我一直記得去少年觀護所看溫青霖的那一天，他的健談讓我印象深刻。對於大多數非自願被安置的孩子來說，安置輔導這個處遇，大多數觸法少年的意願都不太高，畢竟要離開原本熟悉的環境到另一個陌生的環境去展開全新的生活，對於未來有著太多的不確定性和不安全感。這些少年大都是在觀護人或法官的威脅利誘之下，才不得不答應接受安置輔導，因為如果不接受安置輔導，可能會被裁定為感化教育，所以觸法少年才會在不得已的情況下，到半開放性的安置機構中接受安置輔導。

以過往的評估經驗來看，觸法少年大都是被動配合的，不過相反的，溫青霖的安置意願卻非常高，他一股腦兒問了我很多安置機構的狀況和問題，彷彿迫不急待的想快點展開安置機構的生活。他說他被自己最信任的兄弟出賣、背叛，進了少年觀護所，很厭倦從前的生活；他說外面的世界很大，他沒有學歷，也沒有技能，希望能透過安置輔導穩定就學，然後，學習一技之長。

我和溫青霖的會談意猶未盡，很快地就超過訪視的時間。原則上，少年觀護所規定下午只有兩點到四點才可以透過接見室會談，因為我的社工身分，所以可以在法院的協助下，進入少年觀護所的會談室直接探視觸法少年。一般人要探視，大都要辦理會客手續，且必須排隊到接見室領取號碼牌，並排隔著玻璃窗，拿著電話筒和被收容的觸法少年通話。相較於接見室，會談室比較人性化，也相對的舒適許多，才會聊到超出時間限制還不自知，最後，在少年觀護所主管的提醒下，只好結束我們的首次對談。

爭取安置——溫青霖在觀護所的日子

我記得很清楚，三月十七日開庭當天，法官問我對未來有什麼規畫？我說很想重新開始，然後把高中念完，看看能不能再混個大學來念，因為讀書才能找到工作，不去做壞事也能活得下去，也許，這樣對社會才能有點貢獻。後來，我就被當庭收容在少年觀護所了。

過了幾天，我的觀護人來看我，告訴我已經有一家安置機構要來評估讓我安置，如果我有安置意願的話，就會有安置輔導的機會，不然，依我的狀況，很可能被裁定為感化教育處分。過幾天，安置機構的社工就會來看我，如果我通過安置機構的評估，下次開庭時，社工就會建議法官將我裁定安置輔導。

幾天之後，觀護人說的安置機構社工就來和我會談了，他看起來很年輕、很客氣，年紀應該大不了我多少歲，白白淨淨的，看起來很單純，沒有什麼社會經驗。我心裡很明白，能否有安置輔導的機會，全看這一次的會談了。

被收容之前，我已經和朋友交流分析過了，我身上的案件不少，又有毒品案件在身，基本上，應該會被裁定感化教育，不過，如果表現出一副改過向善的樣子，法官通常會手下留情，如果有安置輔導的機會，就一定要積極爭取，因為安置機構大都是半開放性的，將來去執行安置輔導之後，想逃離安置機構，有的是機會，而且我也可以透過關係在安置機構內找到朋友照應。

我不知道自己是不是刻意表現出誠懇有禮的樣子，自己也覺得有些不自然。不過，也沒差吧！眼前的社工看起來很稚嫩。不自覺地，我和他聊了很多安置的細節，也對他說了一些我對於安置機構的想像，以及從朋友那兒聽來有關於安置機構的生活，包括幾人一間房、有沒有放假、家人能否來探視……等等。

那名社工說雖然他們是以安置觸法少年為主的安置機構，不過，仍然會試圖營造出家的感覺，所以，沒有很多外面的限制規範，例如：可以依照興趣選擇自己想要的學校或工作，舉凡外出都會有零用錢可以拿，每個星期也會固定匯入兩百元到自己的帳戶讓我們買零食，家人也可以隨時保持聯絡，沒有限制人身自由……等等。

最後，我很篤定地對社工說那樣的生活讓我心生嚮往，我很想重新開始，也很謝謝社工願意舟車勞頓來看我。那一天，我和社工聊了很多，聊到忘了時間。我想，這樣誠懇又積極的表現，一定可以爭取到安置輔導的機會吧！

安置輔導究竟是什麼東西？對我來說，已經沒有太大的意義了，我只想快點脫離少年觀護所的生活，或許，我就能有個全新的人生。我隨口敷衍承諾觀護人說會重新開始，我篤定堅決地對社工說我很嚮往穩定的生活。只是，真的有重新開始的機會嗎？一切真能改變嗎？其實，都無所謂啦！總之，無論如何，這是一個可以讓我脫離現在被收容在少年觀護所的機會吧！我想，離開少年觀護所之後，從安置機構逃跑，也會有很多機會吧！我在道上的名聲已經闖開了，兄弟可以再找，我也可以東山再起，如果下次小心一點，就不會再被抓到。

我應該是第三次進入少年觀護所了！一看到我，主管總會說：「又來了啊！這次又是犯了什麼案啊？」然後，開始進行例行的安全檢查。所謂安全檢查，就是被法院裁定收容，被法警拷上手銬，坐上囚車移送到少年觀護所，接下來就是全身脫光光的安全檢查，要檢查任何可以藏東西的地方，例如：頭髮、嘴巴、生殖器，自己要以手指撐開肛門、乾咳數聲……再讓管理員檢查，並交互蹲跳十下。記得少年觀護所的主管曾說過，特別是我這種有毒品前科的，更該仔細檢查。第一次檢查時，真的有些難堪，後來，似乎也就習慣了，主管還沒有開始指示，我就已經主動的將所有流程都做過一遍了。

入所手續做完之後，便會被帶到所屬的房間。一進舍房，就能看到四張長桌合併在一起，然後，有四張上下舖的床舖，最裡面擺置書櫃，最右邊是廁所，廁所的牆壁只有一半，往上看就是電視。隔天會拍照，然後，再將個人資料放在房間門口，做為基本資料的建檔。拍照之前，要先理個平頭，別期待頭髮可以留長再出來，因為一到兩個月會再剪一次。拍照時，站在身高量表前面，拍攝正面、左側面、右側面。入所之後，每天就是過著按表操課的生活。

這裡除了週休二日那兩天之外，每天的白天都有課程安排，像是佛教、基督教等宗教課程，或是法律知識、美容美髮，以及大學實習生的心理輔導、美術課……等等。三餐都是從這裡選出來的觸法少年去炊場煮出來的，基本上，都是三菜一湯，會留一份菜肴給探監的家長看，若是我們吃了有什麼問題，就會拿這一份去做檢驗。

在少年觀護所洗澡，都是依照房號分別進去大澡堂洗的，全部的人一起脫光光，都看得到大家裸體的樣子，秋天和冬天會有熱水，夏天就洗冷水。少年觀護所內被收容的觸法少年，大部分都很安分，因為在少年觀護所的表現會影響法官最後判決的輕重，所以，很少看到有違抗的情形，也很少看到有哪個主管對我們發過脾氣，就算有，處罰頂多也只是做些勞動服務或是操練體能，再不然，就是抄寫佛經、聖經。不過，觸法少年欺侮其他觸法少年的狀況還是時有所聞，輩分問題是走到哪個監獄或少年觀護所都是一樣的。

晚上大約可以看一個小時的電視節目，不過，別以為我們很享受，因為要看第幾台都是被管控的，這時，也是我們享用家長寄的錢買零食和飲料的時候了。只有每個星期三和星期五，我們能訂購飲料和零食，我們都稱那個是「百貨」，剛進去時，只能買基本生活用品，之後，才能開始購買零食，一種牌子的飲料只能訂購五瓶，訂購東西的金額一次不能超過兩百元。如果在裡面可以升到雜役或者是班長，主管會讓你過得比較好。如果你有菸癮，在裡面想抽煙的方法很多，可以蒐集成人雜役丟棄的菸蒂，取出菸草，再用白紙重新包好，拿電池以及鋁箔包摩擦點火，但要小心翼翼地將毛巾沾濕拿來吐煙，避免菸味過分竄出；如果不想那麼冒險，曾經有裡面的朋友說過：「拿吸管沾著牙膏抽，其實，也會有抽涼菸的感覺。」

如果是週休二日，就是一直待在舍房裡看電視，時間到了就上床睡覺，不必上課。基本上，早上六點半會敲鐘，起床洗臉、刷牙，七點送飯吃早餐，七點半自習兩小時，九點開電扇，十點開電視，然後，開始吃零食、聊天，十一點吃午飯，十二點午休，下午一點四十分起床，兩點再開電視，四點洗澡，五點吃飯，六點看電視，七點自習一小時，八點靜坐，靜坐完畢，就刷牙洗臉，準備上床睡覺，十點熄燈。隔天起床要「打被」，打被看起來好像很困難，其實很簡單，只要有技巧，很快就能學會，棉被要打得像是電視上當兵那樣的豆腐塊，之後，準備出舍房，再重新按表操課……每天都一樣。

安置機構是觸法少年的避風港？

自一九九五年少年事件處理法增訂安置輔導處分以來，民間團體參與觸法少年安置輔導者不在少數，依司法院統計資料顯示，每年約有一百六十五人次的兒童或少年經由各個少年法庭依少年事件處理法裁定安置輔導。我和溫青霖的相遇，就在參與觸法少年安置的一所民間團體機構裡。

其實，我一直在思索、想像著司法處遇的安置機構的生活模式，如果只是延續少年觀護所的模式，是否真的能夠內化成思想，徹底改變觸法少年的行為？由於權控管理的處遇方式，讓觸法少年外顯的偏差行為自然地隱藏、壓抑，營造出順從以及正向的行為表現，但這是否真實呢？

有鑑於此，在安置機構團隊的包容、尊重以及協助下，我得以嘗試使用 Carl Rogers「以案主中心治療學派」的核心價值，做為這所安置機構的核心理念，也因為這個理念有別於傳統司法處遇安置機構中所採取的「權控」，以及「方便管理」的模式，所以相對強調應該對於觸法少年有較正面的看待，並且相信他們絕對有改變的可能。

因此，在安置機構裡，對於觸法少年儘量給予無條件的積極正面觀感，並且給予相互尊重以及溫暖，避免因權力結構不平等而帶來信任關係發展的限制，相信可以與觸法少年建立起良好的關係，進而使一方或雙方都能充分表達自己的獨特性，也肯定其個人潛能，使個人的發展達到極致。

基於人本主義的觀點，**Carl Rogers** 提出建立治療關係的重要條件，強調助人關係為助人工作的重點，必須在助人工作過程中創造出一種自由的氛圍，讓被安置的人感到被信任和安全感，否則，建設性的改變是不會發生的，同時，我們也強調真誠一致、無條件的接納、積極的同理心，這些都是助人關係中重要的核心條件。

從 **Howard Becker** 所提出的標籤理論中，同樣認為犯罪者之所以會不斷地犯罪，實際上是遭受刑事司法機關的負面標籤所導致，所以，提倡無必要列為犯罪行為而加以懲罰者，也應該盡量予以除罪化，改用刑罰以外的手段予以處理，應能獲得更多正面的效果。

基於此，透過司法處遇進入安置機構之後，除了期待能對觸法少年提供協助之外，另一方面，也為了避免有犯罪標籤化之虞，所以，安置機構有責任讓觸法少年在福利機構中健全成長，透過社福機構的教養輔導，讓觸法少年能早日回歸正常的家庭與社會生活。

我也發現觸法少年對於安置輔導的處遇看法，有許多是從同儕團體或生活經驗交流中整理出來的想像，例如：相對於「感化教育」，「安置輔導」的逃跑機會較多，或是只有爭取到安置輔導的機會，才可以不被裁定為封閉性的感化教育。所以，面對安置輔導的態度上，雖然知道是對自己較為有利的處遇，實質上，也是不得不為的選擇，而且還必須表現出那種渴望被安置輔導的期盼。

由於我曾經在權控管理的機構中服務過，深知在被迫接受安置輔導處遇的狀況下，觸法少年往往有許多心理層面的不適應，若是無法建立良好的信任關係，在安置期間，觸法少年會漸漸地偏離或抗拒安置機構的輔導服務，導致他們愈來愈邊緣化。不過，如果更細膩化地看待他們，其實，也不難發現觸法少年真正期盼的是安置機構的正向觀點，而且明顯抗拒安置機構的負面看法。

以上種種都可以看得出來觸法少年對於安置機構的期盼與需求，他們需要的是安置機構的適切管教、輔導、道理講述，以及避免再次延續被標籤化的正向觀念。

接受安置

——少年保護社工和觸法少年的生命交會與碰撞

一個社工的自述

斯文有禮，通常是別人對我的第一個印象；感性樂觀，則是我面對這個世界的方式。在求學的道路上，我雖非天賦異稟的學生，不過，對於未知世界的好奇心以及強烈的求知慾，讓我的學習成長之路從未止步過。

「想為這個社會奉獻更多，想幫助更多弱勢者」，是我一直以來的信念。十多年的學習生涯中，我也努力地朝著「擁有對於社會高度關懷」以及「願意無私奉獻的助人工作者」之路邁進。

履歷像是一種量化研究，自傳則像是一種質性分析，回首顧盼，我的生命旅程中，每一段時期的變化，都讓我的人格逐漸形塑成現在的樣貌；平凡如我，卻一頭栽進觸法少年的保護工作當中，我用自己的生命去影響著觸法少年，同時，觸法少年也用他們的「心」反過來影響著我。長時間與觸法少年的交往中，方寸落定，過去的我望著現在的我，現在的我冀盼著未來的我，這段陪伴觸法少年的道路，每一步都走得相當不容易。

小學時期是我的啟蒙

小學時期的我，各方面表現得都不突出，卻很喜歡看俠義故事和武俠小說，成天埋首書堆。既然不特別突出，自然也沒有什麼優越感或者自卑感可言。我的世界很單純，只有我與「正義」而已；小學五年級時，班上轉進來一個輕度智能障礙的同學，他的名字叫做林家銘，這是我人生中的第一個轉折點。

小學時期的孩子都非常稚氣，也非常容易受到團體力量的蠱惑，對於智能障礙的同學非常地不友善，所以，林家銘常常成為班上同學嘲弄和欺侮的對象。一開始，礙於團體的壓力，我並沒有特別照顧他。直到有一次，我再也無法忍受其他同學對他的無理欺壓，不顧團體壓力，我挺身保護了他。

這次經驗，讓我感受到原來弱勢者也需要被關懷，而且，我能做到別人不願意且不敢去做的事情，從此開始了我對扶助弱勢的實踐。

蟄伏的國中時期

種善因不一定能結成善果，原因不在於這個因是善還是惡，而是在於面對這個因的靈魂，是以怎樣的面貌去面對自己的人生事件。

國中時期的我，剛入學時，一如國小時期的表現，每位老師都對我這個喜歡打抱不平又喜歡仗義執言的學生印象深刻，加上國中時期的我連續參加校外詞曲創作比賽以及新詩創作比賽都得到不錯的成績，在學校也算是個風雲人物。

然而，這樣的我，在班上卻逐漸被排擠，我的人際關係出現了很大的挫敗，這是小學時期從未發生過的情形，我不知道自己是在哪個環節出了錯，我變得很不快樂。這段期間，對於人的體悟感受，讓我對「正義」以及「幫助弱勢」的定義有些茫然，此時，我下定決心未來高中一定要念社會組，因為我認為「念自然組是研究物體，念社會組則是研究人。研究人比研究物體有趣多了！」

國中三年級時的我，除了考試之外，什麼都不去想，只將所有的苦惱與內心的矛盾都轉化成念書的動力，最後，終於順利考上公立高中。

高中時期的蛻變

國中時期的我，因為對於「正義」以及「幫助弱勢」的茫然，而將自己的靈魂磨成了一把雙面利刃，企圖以突出的才藝表現來掩飾人際關係處理上的笨拙。高中時期的我，卻開始被自己刺得遍體鱗傷，因為每個同學都是那麼多才多藝，幾次考試之後，除了才藝得不到出眾表現，課業更是嚴重受挫，我開始躲進自己的象牙塔裡。

渾渾噩噩地升上了高中二年級，上學期先是經歷祖父過世，寒假時，母親被公司裁員，父親也差點丟了工作，對我而言，那是備受衝擊的一年。那一年，我開始往外尋找情緒的出口，覺得躲在象牙塔中並不能讓我更快樂，於是，利用課餘時間，我到社福機構去擔任志工，一開始給自己的理由是想要讓自己對「正義」以及「幫助弱勢」的信念重新有所實踐，不過，說穿了，社福機構也只是另一個象牙塔而已，它的功能不過是暫時讓我填滿空白的時間而已。

這段期間，我開始不斷思索生死的問題，也不停地問自己：「活著是為了什麼？是為了汲汲營營於金錢小利嗎？我的未來是什麼？是追逐於一般社會認知的熱門理工、財金相關科系以及傲人的高薪工作嗎？」

在社福機構擔任志工，實際接觸弱勢孩童之後，讓我的生命出現了第二個轉折，我決定去念與社會工作相關的科系。

由於母親被裁員，家中經濟不再那麼寬裕，於是，很快地，我再度作出了影響自己未來人生道路的最大決定之一，就是去考大學夜間部。

「做中學，學中做」的求學時期

那時候的大學，其實已經沒有夜間部這個名詞了，取而代之的是進修學士班，我急於想找到一個可以兼顧學業與工作的學校，因而，選擇了社會工作學系的假日進修學士班。

對我而言，大學時期是一段靜好的歲月，讓原本心緒混亂的我逐漸沉靜穩定下來。由於大學念的是假日進修學士班，只有週末兩天上課而已，因此，週一到週五我就在安親班找到了一份課輔教師的工作，一個月兩萬多元的薪水，加上可以辦理助學貸款，對於家中的經濟，無疑打了一劑強心針。

除了週一到週五課輔教師的工作之外，緊接著，是假日整整兩天從早到晚的大學課程，所以，我的生活異常忙碌。這段期間，生活圍繞著學業和工作團團轉，邊做邊學的大學期間，也確實讓我對弱勢孩童的處境有了更深的體悟。我在課輔班的學生中，某些孩子是來自於藍領階級或社經地位較低的家庭，父母不願讓孩子輸在起跑點上，就算省吃儉用也要送孩子到安親班補習。那段期間，我深刻理解來自這些階層的孩童處境。有一回，一位成績不錯的女學生，每次來到安親班的第一件事情就是急忙寫完當天的功課與評量卷，以便能第一個回家，後來，我才知道其背後的原因是，她不想讓其他小朋友看到來接她的母親是一名身心障礙者，也因為這樣，我更加用心輔導她的課業，並利用大學所學的相關專業課程，去評估那位學生家裡的狀況是否符合可運用的社會資源，最後，在我的協助之下，她的母親找到了一份適合身心障礙者的工作。

安親班的課輔教師是個責任與壓力都很重的工作，學生成績不好、品行不佳，或是流失學生，責任往往都會歸咎於課輔教師。這份工作我做得戰戰兢兢，絲毫沒有因為壓力而退縮，反而讓我更用心地指導學生的課業與生活規範，這些經驗讓我學到很多，說實話我非常喜歡這份工作。

念了社會工作學系四年之後，我發現最能引起我興趣的是觸法少年問題的課程。我認為社會的本質是人，無論是觸法少年或者是社會上的團體工作組織，甚至整個教育體制，都應該回歸到「人」的角度去思考問題。而「人」的形塑，則與兒少的成長經驗息息相關，所以，我喜歡研究關於「人」的問題。

大學畢業之後，我也如願到民間的非營利組織去從事觸法少年的安置輔導工作，去實踐協助觸法少年的生命蛻變。在工作中，我深知跨專業的整合是刻不容緩的事情，因此，我再度回到學校，從教育、法律研究所去進修相關學位，期許自己能充實更多的專業知識，完成助人工作的使命。

在不斷的省思中前進

就是因為我喜歡研究與思考「人」的問題，所以大學畢業之後，從事觸法少年的安置輔導工作，對我而言，更是個全新的挑戰。工作期間，我發現一般少年和觸法少年的生命歷程是截然不同的，觸法少年大都是源自於原生家庭功能不彰，以及原生家庭社經地位的弱勢，致使其生命過程，複製了邊緣化以及底層化，我一直在思考，如何能讓孩子的邊緣化以及底層化不再世襲傳承，就如同我在幫助觸法少年時的感受那樣，更多的觸法少年得到幫助之後，就能讓社會多一份安定的力量。這樣的理想，總能激起我對工作的熱情。

從安親班課輔教師到學校代課教師，再去從事觸法少年保護社工一職，我深深體會到一般少年與觸法少年的原生家庭功能有著顯著的不同，就像我在安親班擔任課輔教師期間，班上雖然有不少孩子是來自藍領階級，經濟狀況並不寬裕，但家長還是願意省吃儉用讓孩子來補習，期待孩子因為受到較好的教育，能獲得更好的發展機會。可見得家庭的經濟能力並非重點，只要家庭功能健全，家長願意花時間在孩子身上，孩子的身心就能健全成長。

小時候，父母常對我說：「值得做好的事情，就值得全力去做！」能有這樣的目標，讓我不斷去追尋自己的理想，真的是件很快樂的事情。人的未來，一向是在選擇與被選擇中取得平衡的。我一路走來的堅持，就是盡力而為！

中途思考

社福資源必須合理分配

根據司法院（二〇一一年）提供的歷年少年以及兒童犯罪原因報告中，「家庭因素」方面的統計結果，以「管教不當」佔最多數；再比較歷年的統計資料，雖然「管教不當」從將近八成左右降至五成左右，但卻仍然佔「家庭因素」的第一位，其次才是「破碎家庭」。可見家長教養子女的態度與方法，影響子女的成長以及偏差行為甚鉅，這種功能不彰的原生家庭、單親家庭、繼親家庭、重組家庭、犯罪家庭等都不在少數，絕大部分都是社會的底層家庭以及邊緣家庭。

因為具備社工、教育、法律的多重訓練背景，我對於協助觸法少年的工作，一直有著相當濃厚的興趣，姑且不論外界以及主流價值對於觸法少年的既有成見為何，單就我與觸法少年的接觸經驗，常常看見引發觸法少年失當行為的原因，除了原生家庭功能不彰之外，家庭背後隱藏的是整體社會結構、文化差異等等諸多孩子們無法承受的現象與壓力；而每個觸法少年的特質養成，與主流社會的價值觀、家庭系統支持與否、就學就養權利、自我認同形塑等等因素，都是環環相扣的。

多年的實務工作經驗中，我要提出兩點建議，以供解決觸法少年原生家庭功能不彰以及家庭地位弱勢的參考：

一是資源公平且有效的補助，多年實務經驗讓我了解到多數觸法少年的家庭，普遍經濟狀況不佳，溫飽都成問題，自是難以發揮教養功能。在更進一步的會談中得知，多數觸法少年的家庭狀況是屬於貧窮線以下的家庭，這些孩子的家長大約有一半是非志願性失業者，有的是因為學歷不足而受到工作上的限制，有的是因為無一技之長，形成有工作就做、沒有工作就游手好閒的狀況，家長最常從事的工作是臨時工，像是板模、噴漿、清潔工……等等。雖然現在基本工資已經調高，不過，對於沒有固定收入的他們而言，仍然沒有具備在主流社會與人競爭的優勢。

從我實際遇到的情況來看，當前最迫切的就是必須讓社福資源對於弱勢家庭平均且有效的分配，以目前的現狀來看，各縣市社福資源分配不均，且社政系統補助的開案標準和社工協助的資源比例不一，因此，如何促進區域間社會福利資源分配的公平化，以及如何透過財政收支畫分法的修法和配套措施，達到整體社會福利分配的平衡，以及協助經濟弱勢者能以工代賑，逐漸脫離社會福利依賴。

二是社會福利間的整合，若是以社工觀點切入觸法少年的學校教育來看，面對現今觸法少年在兒少福利服務的輸送過程，出現了許多制度性歧視、結構性社會排除等問題，例如：社政系統的自立生活補助方案，或是一些基金會獎學金方案，僅能由社政系統開案的觸法少年享有，司法系統評估原生家庭功能不彰以及裁定安置輔導的觸法少年極可能不符合申請資格。

國中教育、國小教育，雖然是義務教育，不過，學校老師只要一聽到是觸法少年要來就讀，就會考量觸法少年可能破壞原本班級氣氛而使出各種方法婉拒，因此跨部門的整合機制變得刻不容緩。

對於跨部門的整合機制，我認為可由教育、福利、司法三方面一起整合。觸法少年的學校教育階段，可以由社政系統主責開始協調媒介合適的資源，各級學校必須編制專職學校社工，以轉介相關社政系統的服務給予需要的兒少及其家庭，甚至於，可藉由學校提供免費課輔班或提供免費晚餐做為媒介平台，透過充權的工作方法，協助逐漸提高其家庭功能。最後，司法單位可以做為強制介入親職教育以及觸法少年行為約束的後盾。

相遇

「仰頭望著天空，或許，眼淚就不會流下來了……」溫青霖的神情彷彿正是在這樣訴說著。

二〇一〇年的某一天，在地方法院法警的戒護下，溫青霖來到安置機構，那天窗外豔陽高照，天空很藍，空氣卻顯得異常沉悶。

不畏陽光刺眼，溫青霖靜靜地仰望天空，緩緩地訴說著他的故事。

「與其讓眼淚逆流，不如就發洩出來吧！像是一道里程碑，哭過了，撐過這段時間，一切也就沒有白費了。」我在內心低忖著。我很心疼，卻又不知該如何表達我的心情。

溫青霖的生命和我的生命碰撞了，但我們似乎只能站在平行線的兩端，我的矛盾心情帶著一種難以言喻的感傷。

小時候，我總是聽著週遭的大人說：「現在要好好地念書，等你考上好高中，就可以好好地去玩了。」好不容易，考上一所好高中，沒想到大人又說：「等你考上好大學，就可以『任你玩四年』。」當時，我的潛意識一直相信著「能考上好學校，就可以有好工作；有好的工作，就可以娶個好太太；有了好太太，就可以生個好孩子。」這樣的定律，一直到了大學，我選擇念假日的進修學士班、有了正式的工作、領了正式的薪水、有機會提早踏入社會之後，才開始感覺有些不一樣。

為什麼我要嚮往一切都美好的人生？大人告訴我的人生會比較有趣嗎？溫青霖是不是也和我一樣，只是在實踐大人告訴他的人生呢？Mills在社會學的想像中表示，人們對人生的看法常有被「套牢」在生活情境中的感覺。人生的生活目標、型態、追求的人生目的，都會受到所處生活環境的影響，生活情境的角色模範是其中很重要的因素。高中時，有的同學希望將來念醫科當醫生，有的同學想從商做企業家，而當時的我看著家人遭受金融風暴而被裁員，所以，我非常希望未來能成為老師或公務員，只求能有一份穩定、溫飽的工作。

然而，從國小就在江湖流浪的溫青霖，知道的卻是只要敢衝就能在江湖上闖出名堂，只要敢拚搏就可以靠毒品或非法事業大撈一筆，所以，不必好好地在學校念書或學習一技之長，一樣能呼風喚雨。那樣的原生環境中，他所接觸的角色模範是有侷限的。所謂「行行出狀元」，當選十大傑出青年，固然是少年得志；成為十大槍擊要犯，也同樣名滿天下。決定怎樣的人生方向，就會產生不同的結局。黑道，是一條很難走的路，然而，在這條路上衝得越快，只

〈誰能懂我〉

詞／曲：林劭宇

◆

早已習慣流浪的生活
對於明天我只能乞求
有誰能夠了解我
又有誰真能懂我
未來的路我獨自的走
無法釋懷那道舊傷口
烙印在我心中某角落
有誰真能在乎我
為我傷心和難過
希望隨時間慢慢流走
強顏歡笑卻難遮掩脆弱
幸福在絕望遠處揮手
孤單　寂寞
就讓我一次全部都佔有
無助失落有誰能安慰我
對愛貪婪無止盡渴求
放縱　墜落
就讓我一次傷個夠
就讓我一次痛個夠

會讓回頭從善的距離愈來愈遙遠。

必須經過一年多的安置輔導，溫青霖真的能有所改變嗎？吃過很美味的異國料理、逛過很高級的商店、買過很多的名牌物品、有個很罩得住的黑幫老大、手下有一堆可供差遣的小弟……整個世界像是被他踩在腳下似的，如此風光，如此不可一世。

「曾經有過不同經歷的孩子，有辦法透過安置輔導再回到一般社會嗎？」這樣的問題一直困惑著我。

社工的天職是要實踐濟弱扶貧的正義，以及協助維護社會的安定，社工不止是對這些孩子提供專業協助，也要給予多方面的支持，期待著能看到它們產生改變的意願。或許我仍然困惑著自己未必幫得了溫青霖，但既然他願意嘗試安置輔導，我相信自己也一定能透過安置輔導提供他一個改變的契機。

內政部曾經統計過，花費在將陳進興等三人繩之以法的社會成本，高達七億台幣。我想，如果我能給溫青霖一點點改變，即便他依然不學無術、鎮日游手好閒，不也是幫社會節省了數億的社會成本嗎？

「用我全部的力量去拉住他吧！因為值得做好的事情，就值得全力去做！」這一點，我很堅持。

對安置輔導的期待與想像

我和溫青霖在少年中途之家相遇，也都帶著各自的想像與期待。他認為安置機構管理風格較為開放，也比較人性化，所以心存僥倖，幻想著許多逃離安置機構的機會。因而，滿心期待我能協助他爭取這樣的安置輔導機會。

但對於有多項觸法紀錄的溫青霖，是否能夠透過安置輔導，協助他順利回歸主流社會，我其實抱著許多質疑、掙扎與困惑。我在心裡重複著父母親對我說過的那句話：「值得做好的事，就值得全力去做」，讓我不再迷惘，信念堅定地開始在心中接受他。

面對法院裁定安置輔導，觸法少年最初的想像是，因此就不會被裁定為更嚴重的感化教育處分。但從我的角度來看，對於已經不斷觸法且已經習慣觸法模式的他們而言，是否能透過福利色彩濃厚以及保護優先主義特色的安置輔導，達到回歸家庭或社會的目的，我的心中的確有所質疑，不過，我用力地說服自己，無論基於何種觀點的質疑，都不該與自我承諾以及專業信仰有所悖離。只要溫青霖確實有安置輔導的需求，我就應當全力給予協助，努力實踐自我信念，期待能看到觸法少年改變的意願和動力。

被安置的生活

——溫青霖眼裡的中途之家

社工對我說安置機構就像一個「家」，其實，真的有點可笑！安置機構有固定的生活作息和團體生活規範，不可以違反安置機構的規定，例如：抽菸、喝酒、打架……等等，也不能未經同意就離開安置機構去外面買東西，不可以隨便使用電腦，有些地方不可以隨便走動，有些事情沒有得到准許就不能做。每個人都有一本生活手冊，如果違規，就會申請安置機構或法院的處罰。

一個有很多規定的「家」？我笑了！

剛開始，我很低調，想讓自己慢慢地融入安置機構的生活，說實話，安置機構這裡很像山寨版的少年觀護所。雖然有很多限制，不過，即便違規了，也不太會被發現，就像徐國華和孔正祐常常半夜外出喝酒，也可以利用與家人外出時去買菸、家人也會偷偷塞錢給他，表面上是有很多規定，不過，大家都各憑本事去破解。

後來，我開始觀察安置機構內工作人員的互動，再觀察安置機構內其他和我一樣的少年，發現這些人都是法院裁定安置輔導的。我剛剛來沒多久，就有人下馬威似的跑來問我是因為什麼案子進來的？然後再幾天，我就知道安置機構內所有犯了法的人案件類型是多麼多元，有竊盜、傷害、毒品，還有妨害性自主……等等。

不到幾天，我就發現安置機構內的小偷很多，行徑也很猖狂，我不由得抱怨起來，我的東西常常不見，香菸、零錢，沐浴用品，有一次更誇張，連內褲都被偷走了，我真的不知道工作人員有沒有好好地正視處理過這個問題，我的東西不見，已經不是一、兩次了，反應很多次也都沒有成效。其實，我早就知道小偷是誰，很想將他拖出來狠揍一頓。根據我過去的經驗，下個馬威，他通常就會乖乖的，要讓他知道我並不好惹，他才不敢再來惹我。

剛開始，我聽從社工的建議，先向生活輔導員反應，反應了很多次也不知道有沒有妥善處理，然後，我就開始對自己生起氣來，覺得自己有一種虎落平陽被犬欺的滄桑感。我當然知道小偷是誰，如果在團體生活中不稍稍發威一下，通常就會被吃得死死的。我很想將那個人拖出來處理一下，只是，社工很明確且嚴肅地告訴我霸凌是重大的違規，可能會報警或聲請法院處分。社工和我的關係很好，照理來說，我應該賣他面子先跟他討論一下，倒不是我怕被處分，只是，我怕見到那種看不起我、覺得我沒有救了的眼神，我特別害怕也不願再見到那種眼神。

最後，我們討論出一個連我都覺得很好笑的方法：留字條給小偷。小偷看得懂嗎？搞不好還會被其他人恥笑哪！但我也答應了，因為小偷究竟是誰，我想，那已經不重要了。其實所有的決定權在我，但現在的重點是，我不想再去辜負這個對我期待的眼神。

「親愛的小偷，我們都是被強迫到這個地方來的，我希望你不要再做壞事了，因為我知道關心你的人會很難過。」我只能勉強擠出這些字眼。後面的字，我已經不確定是寫給小偷看的，還是寫給我自己看的，不過，我忘不了社工那種肯定的眼神。

結果如何呢？我的東西還是常常被偷，只是會意思意思留下一些零錢。

這個社工很特別，來到這兒沒有幾天，有意無意地，他就會出現在我的週遭，然後，騎機車帶我到市區閒逛，有時看看電影或是去圖書館找書，他說他也還在念研究所，一個人去圖書館找資料很無聊，就要我陪他去。

他說他觀察到我喜歡看書，也觀察到我很內斂、很懂事，他說我有一種難以言喻的成熟感。我喜歡別人這麼形容我，因為大多數的大人總會先數落我的觸法案件，一般朋友則是覺得我很厲害，很少有人這樣形容我。他很喜歡說話，而且，很會說自己的故事，然後，經常跟我說自己沒有辦法做這個、沒有辦法做那個的，就是要我陪他去做很多事情，接著，就是這個也不知道、那個也不會的，一直要我教他，雖然我覺得他有點一無是處，卻也因此讓我感覺不出他有絲毫的殺傷力，在他的身上，我覺得自己是被需要的，不知不覺之間，我和他愈來愈有話題聊，從我細數安置之前的生活，到我的家庭，還有學校生活等等，他都聽得津津有味，雖然他的年紀比我大了一些，但生活經驗卻單純到有點好笑。

第一天見面，他拿吉他彈了一首他寫給一位已經被裁定感化教育少年的歌給我聽，然後，跟我說著那位少年的故事。他說他做這份工作已經很久了，卻始終不了解我們在想什麼，只是覺得我們都很孤獨，都有屬於自己的故事。最後，那位少年因為在安置期間多次觸法，跌跌撞撞之後，告訴他要下定決心去學美髮，成為專業的美髮設計師。只是，法院已經不願意再信任那名少年了，最後，只得裁定感化教育。從歌詞中，我感受到一位素未謀面的人那種不被了解的悲哀。

在少年觀護所內，我對社工說過我想重新開始，他似乎深信不疑，他說他會很用心地對待我，之後，每一天，他幾乎都會陪著我找些事情來做，在安置機構內和我分享一些他喜歡的書，然後，聊聊對於安置機構的看法或未來的規畫，假日帶我去圖書館或看電影，之後，他再謹慎地囑咐著：「不要讓其他人知道喔！」

他讓我覺得自己很特別、有特權，而且獨一無二。在他的眼中，我和別人不一樣。安置的前幾天，他找了一堆理由接近我，帶我出去時也會找很多冠冕堂皇的理由，例如：要辦入學、去社會處……等等，然後，他對我神祕地笑道：「不能對別人說唷！」慢慢地，這成了我和他之間相處的默契。社工可以這樣說謊嗎？我有些疑惑，不過，其實那也不重要，由於他的許多不完美，讓我覺得彼此的距離更近了一些。接下來，很自然地，我有事就會去找他說，無聊時也會想主動親近他。慢慢地，我忘了原本打算找到機會就要從安置機構逃跑的想法。過了大概三個月，我對這裡的生活已經非常熟悉，也開始習慣這樣的生活了。

安置機構的工作人員有主任、社工、生活輔導員。主任和我們的生活不會有太多交集，生活輔導員和我們一起住在安置機構內，通常兩個星期輪值一次，根據生活輔導員自己的說法，他們都是成功改過遷善的更生人，因為有著類似的過往，所以，更能理解我們。一般來說，住在這裡的少年和生活輔導員的生活密不可分，因為生活輔導員常常會介入我們的生活，無論是寫信、收信、打電話、放假，都要向他們報備，他們也牽涉到我們的生活管理以及照顧，像是放假、打生活規範的分數、送觸法少年去工作、上學、看醫師……等等，如果觸法少年之間有紛爭，或者是東西不見了，大都是生活輔導員在處理。

至於社工，就是常常看到他們在辦公室電腦前面打報告，有比較隱私的事情要做，安置機構內的觸法少年大都是找社工去訴苦的。我覺得我的社工對我特別好，說不上來為什麼。我想，在人生地不熟的地方，多個人照應，並不是一件壞事，也就逐漸相信他了。

安置機構與觸法少年的關係

安置機構為觸法少年在裁定安置輔導之後的主要生活場所，類似於一般人的住所，然而，安置機構也往往賦予「家庭」意涵。社會期待中，安置機構是觸法少年「替代性」的家，並由安置機構暫時替代監護人角色，由社工為其聯結資源以及與觸法少年討論未來的方向，並由生活輔導員照顧其日常生活、協助處理生活上的瑣事。

安置機構往往能讓觸法少年有情感的依附，並獲得穩定的生活，但真相是，這個大家庭裡所接觸到的人都是沒有血緣關係的，因此，並不類似於一般家庭的爸爸、媽媽、兄弟姊妹，而是一群未曾謀面、接觸且沒有血緣關係的社工、生活輔導員，以及年紀相仿的同儕團體。

從專收觸法少年的安置機構來看，因為收容的對象是觸法的青少年，所以除了連整個社福機構都有可能被標籤化，成為司法控制與犯罪烙印之外，安置機構內的觸法少年也可能再經由與不同觸法少年的交流，將觸法行為與他人互動學習，浸入其偏差環境，導致其行為更加偏差。如何透過不帶有權控色彩的教養模式，有效內化每位觸法少年的內在正向歷程，而使安置機構不再淪為觸法行為的交流情境，也是社工在實務經驗中所面臨的挑戰。

然而，國內安置機構的生活型態，很容易讓觸法少年有著「拘禁性」或「強制性」的感覺，儘管許多限制是出自於保護觸法少年的善意，卻容易讓觸法少年的認知自己是被法院裁定安置輔導的非自願處遇，會將自己定位為做錯事才被關起來或是被軟禁的人。

在實務中，我發現觸法少年接受安置輔導之後的心態轉折，從原本的被迫安置，希望能在安置機構中找到漏洞以便逃離，後來，都因為社工的形影不離、照顧，進而產生情感聯結，逐漸熟悉安置機構的生活模式，打消原本想逃跑的念頭。從這樣的轉折中，可以發現當觸法少年與安置機構有良好互動關係時，則容易將安置機構中的社工視為自己人，比較容易接受教養，更容易主動聽從以及配合安置輔導的處遇，也比較願意主動分享心情、困擾與感受。我相信這是因為實踐專業上的同理、接納與無條件關懷，使得觸法少年願意分享自己內在層面的正向成果。

因此，當觸法少年碰到對安置機構內的不滿問題時，便會主動尋求社工心理上的支持與經驗分享。所以，如何降低安置輔導處遇中帶有權控色彩的限制，是非常重要的議題，而這似乎也再次印證「關係」對於安置機構輔導處遇觸法少年的重要性。

安置輔導的難題：是尊重？還是權控？

少年事件處理法對於安置輔導處遇在司法定義中的不夠周延、不夠細緻化，導致執行層面與當初立法的期望有著些許落差。實際的狀況中，也可以發現各法院對於這項處分的標準也大都各自解讀，有法官將安置輔導視為介於保護管束與感化教育之間的一種中間處分，也有法官將安置輔導解釋為對迫切需要社會資源協助之少年，裁定的保護處分，而非依據少年觸法的輕重程度以及個別需求所做出的裁定。

從法令的觀點來看，可以發現觸法少年進入司法體制之後，再由法院裁定到安置機構，可能會因各法院對法令的解讀以及態度，去重新自我詮釋安置輔導的意義，難以體現法令中增列安置輔導處遇之用心。

安置機構往往在求「管理」方便的前提之下，形成制式的「權控」管理，以同樣的輔導方案與生活管理秩序來教養不同屬性的個案，其結果不僅忽視對於觸法少年個別處境的自主權，也疏忽了應該對觸法少年的保障與尊重，且再次不當複製威權控制的關係。而溫青霖在少年觀護所內的生活也大抵如此。

安置機構中的專業工作者

衛生福利部社會及家庭署，於二〇一三年的法令中針對安置機構人力設立標準，少年安置機構中，每安置十五名觸法少年就必須設立一名專職社工，每安置四名觸法少年就必須設立一名生活輔導員，同時也訂定安置以及教養機構應以滿足安置對象發展需求以及增強其家庭功能為原則，提供生活照顧、心理輔導、行為輔導、就學輔導、課業輔導、衛生保健、休閒活動輔導、就業輔導、離園計劃、追蹤輔導……等等服務。安置機構內的社工，原則上是週一至週五的上下班制，再依工作彈性調整時間以及休假；生活輔導員則是採輪休制，因為必須住在安置機構內掌握觸法少年的日常生活，所以通常都是輪休。安置機構中的專業照顧人力，如上所述，分為社工人員和生活輔導員，雙方透過日常交接以及定期會議，定期會議是由主任主持的，討論安置機構內的整體狀況，以維持安置機構的運作。安置之初，安置機構會發給每一位觸法少年一本安置機構的生活手冊，詳載安置機構的生活規範以及生活事項，以協助剛被安置的觸法少年盡快適應安置機構的生活。

安置機構的社工角色大都為資源連結者，也就是說與安置機構觸法少年相關的資源連結大都為社工主要的工作內容，對外系統中，包括觸法少年透過法院或是社會處委託安置事前的評估、事後的處遇、結束安置之後的追蹤輔導，都是安置機構社工的工作內容，當然也包括少年社政系統資源的申請、學校系統入學的學籍轉入，司法系統開庭的陳述、職涯系統協助少年自立更生等等事宜。

此外，社工對安置機構觸法少年能給予觸法少年較多生活面的情感支持。透過專業的工作方法，安置機構內的社工對於觸法少年的情感以及生活處遇有著舉足輕重的影響。而生活輔導員的主要工作內容則為照顧安置機構內觸法少年的生活瑣事，例如：協助準備三餐、協助接送觸法少年上班或上課、生活範圍的建立以及管理，處理觸法少年生活糾紛……等等。

在安置機構群體生活的工作職掌，生活輔導員往往較偏向管理者的角色，也多半含有權威與執行獎懲的性質，雖然與社工各司其職，不過，若是彼此不相互溝通協調以及充分讓雙方了解對於觸法少年的處遇，則會發生處遇上的衝突糾紛，也可能因而讓觸法少年在雙方的工作中找到漏洞，去挑撥兩者之間的關係。

此外，生活輔導員與社工這兩種專業工作人員對於安置處遇方面，如果有所落差，就會少了相輔相成的力量。實務經驗中，我確實有過幾次社工與生活輔導員對於與觸法少年的處遇不一致的情形，最後，必須由主任協調共同釐清雙方的責任，所以，安置機構內必須定期開會，並透過工作交接簿，來記錄觸法少年的處遇事項，讓安置機構工作人員對於觸法少年的處遇都能充分了解，進而可以順利執行觸法少年安置輔導工作。

社工的角色是什麼

透過傾聽、同理、探問、示弱、澄清觸法少年權利以及被剝奪的心情與感受之後，就能讓觸法少年逐步卸下武裝，進而拉近權力機構與觸法少年之間的距離。就像我嘗試與溫青霖熟識時，就是拿著吉他自彈自唱一首寫給一位已經被裁定感化教育少年的歌給他聽，藉機說著那位觸法少年的故事，並且，敘說自己的工作歷程。

等待與觸法少年逐步建立關係之後，再透過「充權」、「示弱」、「自我揭露」，逐漸將安置機構中權力不對等的關係拉近，再來協助觸法少年從權控關係中掌握自我命運的主體性及肯定感。在貼近觸法少年價值觀的同時，試圖找到翻轉的契機，最後，引導它們去面對主流價值體系時的現實面與生存策略，讓他們能慢慢地沉澱、自省、提高自我反省的能力，以便將來能順利回歸社會。

在實務經驗中，我發現與觸法少年建立關係並不難，難的是如何在謹守倫理界限的前提下，與安置體系中的觸法少年有更深層的生命交流，進而以「生命影響生命」去協助觸法少年回到社會的正軌。我發現有安置輔導需求的觸法少年，最直接的需求是心理上的認同關係，每一位觸法少年都迫切地需要被看重，以及期待被獨一無二地善待，這樣的方式，似乎更能快速地彌補生命中的裂痕，也能快速修復防衛機轉的距離。

安置機構本身即是助人情境，這樣的情境中有太多社工、生活輔導員等等，可以和觸法少年進行雙方的生命經驗交流，並發展雙重關係（既是社工，又是朋友），甚至於是多重關係（是社工，也是朋友，更像家人），實則無法避免，反倒是因為這樣的關係，才能提供觸法少年實質上的心理需求，如果在安置輔導處遇中一味以專業倫理界限為圭臬，勢必也同時築起社工與觸法少年之間的心牆，以至於悖離了安置輔導工作的初衷。雖然建立超越專業關係的情感轉移或反移情，或許並不合乎專業倫理，卻也是一種去機構化的方式，可以讓觸法少年生活於類似居家感覺的環境中。

不可否認，實際上，若是社工與觸法少年在工作時，毫無底限地與觸法少年建立關係且稱兄道弟，也容易造成助人關係界限的模糊，同時，會擔心如果清楚地釐清目標與真實協助的角色之後，又會造成觸法少年的抗拒與疏離。如此界限不清的關係之下，極可能與觸法少年玩起策略遊戲，最後，確實也對助人關係有害而無益，導致原訂的處遇目標無法達成，所以，如何取捨，實則需要專業經驗的累積，也需要在助人工作歷程中不斷檢視以及自我提醒。

最後，我認為每個安置機構成立的初衷，都是為了協助原生家庭功能不彰的觸法少年，幫忙這些觸法少年重新找到屬於「家」的避風港。安置機構同時提供「替代性」的家庭功能以及「類家人」的情感關係，在安置機構期間，每位觸法少年勢必與不同的社工有許多情感上的交流，進而透過雙重關係或多重關係去尋求情感依附，並建立內在的安全感。長時間的生命交流之後，如何在結束助人關係時，信守助人關係的分際，絕對不與觸法少年發展出助人關係之外的人際關係，使雙方可以立即抽離對待關係，也是值得提出並該更進一步去探討的。

中途思考

專業優先？助人為上？

而在社工部分，若社工置身於權力結構不平等的體制中，無可避免地，自然也會帶有控制的角色，然而，為了提升「非自願性觸法少年」的受助意願，又必須突破強制性的權控關係，故必須透過專業方法與觸法少年建立關係。此外，社工必須引領受助者面對真實的關係，社工是協助者，並非只是稱兄道弟的朋友，社工要客觀地聽取需求，中立的評估事實情境，才可以有效地透過資源聯結的過程，去協助觸法少年發展自我。

社工必須運用專業知識、技巧、方法，並在專業倫理原則的引導下，以案主最佳利益為處遇或服務的考量重點，並且當案主的問題獲得解決時，助人關係就必須結束，而結束關係亦有促使案主成長的積極功能。中華民國社會工作倫理守則第三條第二項規定：「助人關係是為了完成社會工作目標，基於公益、客觀、自我了解而建立；用以區別日常生活中的人際關係。」第六條又強調：「社工人員應信守助人關係的分際，絕不與案主發展助人關係以外的人際關係。」同樣地，強調助人關係有其限制。

但由於社工人員與案主的雙重或多重關係下，彼此之間的社會接觸、禮尚往來、共進餐飲、維持友誼、分享個人資訊等等，容易引起非議。因此，美國社會工作協會在倫理守則中提到：「如果雙重關係或多重關係難以避免，社工人員應採取行動保護案主，並有責任設定清楚的、適當的、符合文化敏感性的界限。」

竊盜事件

我認為在安置機構內的竊盜事件要嚴肅且認真地看待，它牽涉到的是心理層面的安全感問題。記得我到司法處遇的安置機構擔任社工的第一年，就有許多觸法少年向我反應物品遺失了，幾個月之後，那些物品才又神奇地出現，甚至有些因為上課或打工比較晚歸的孩子向我抱怨，因為晚歸，所以安置機構幫忙留的晚餐，較好吃的菜肴比如雞腿、雞排，總會不翼而飛。雖然這都不是什麼大事，不過對於那群孩子來說，最直接的感受就是安置機構的生活真是草木皆兵，凡事都得防東防西，找不到絲毫的安全感。

詢問他們是否向生活輔導員或其他工作人員反應此事，多數的孩子無奈地表示：反應無效。沒有人會認真處理或正視這樣的事情，因為這種事情稀鬆平常。

我和幾位不同屬性安置機構的社工閒聊過，發現如果是育幼院屬性的機構，或是沒有透過法院安置觸法少年的機構，發生竊盜事件的機率微乎其微，不過，如果是以司法處遇安置觸法少年為主的安置機構，這樣的狀況屢見不鮮，究竟是出了什麼問題？當我提出這個問題和安置機構內一名資深社工討論，他卻很不以為意地回應：「林老師，你才剛剛從事社工工作，所以，你還不懂，等你再做個兩、三年，你就知道了，這種事很平常，況且，我們的少年竊盜案那麼多，抓不勝抓啦！」他一副「我太稚嫩、連一點兒社會經驗都沒有」的輕蔑口氣，至今仍叫我印象深刻。

我真的很難過，這種與觸法少年的生活息息相關的問題，如果連安置機構的工作人員也覺得稀鬆平常且理所當然，怎麼不教人為這群孩子感到心酸呢？之後，我和幾位不同屬性安置機構的社工更進一步地討論各安置機構是如何處理這樣的狀況時，某位社工提到，在他任職的安置機構中，觸法少年的物品都是統一化的，沐浴乳都是一模一樣的牌子，不會給觸法少年零用錢或硬性規定每天將錢繳回安置機構，避免金錢來源不明的問題，更嚴禁抽菸，一聞到菸味就向法院聲請開立勸導書，而發生竊案就報警處理。另一名生活輔導員則表示在他們的安置機構，除了上述方法之外，零用錢的部分只能使用安置機構的代幣，只能在安置機構內補充生活用品，所有學校要用的東西或要吃的零食、飲料，只能從安置機構帶去，一旦發生竊盜，整個安置機構就要地毯式搜索一遍，猶如大地震的團體壓力，必能減少問題發生。

我很震撼，也很掙扎，卻沒有理由去反駁這些給我意見的先進，相較於冷眼旁觀的處理方法，這些方法確實很有建設性，況且，使用這種方法處理事情的安置機構，他們的評鑑年年優等，自然有專家學者背書。我思考良久，卻怎麼都不想改變目前安置機構內的原有體制。

面對這群孩子，我一直在想，現在這些孩子擁有什麼？未來他們還能擁有什麼？不該去剝奪他們什麼？想以制度去制約他們什麼？我不願過於理想化，只是不想抹煞我和孩子之間那種自然流露的信任關係。竊盜的問題，在行為改變技術理論上，我深信「正增強」的使用應該多於「負增強」。竊盜行為的部分，我寧願多花點時間，增加讓孩子面對問題的機會，我相信正向行為更能內化，而不只是以制約的行為，達到一時的警惕效果。

「為什麼要偷竊呢？」

「每天都上演的問題，該怎麼處理？」

深究其背景，安置機構內的觸法少年，其原生家庭功能大都不完善，在原生家庭中，多數的孩子甚至有一餐沒一餐的，所謂的「家」徒具形式，連基本的生理需求都無法得到滿足。比較不聰明的孩子，他們可能以竊盜的方式去滿足自我的需求；比較聰明的孩子，他們知道如何用非法的手段來快速賺錢，因此，從事圍事、暴力討債、販毒、酒店公關少爺……等等工作。無論方法為何，其核心價值，都只不過是要滿足他們的生理需求以及建立安全感而已。

「如果沒有這些物質，還能擁有什麼？」

「在安置機構中能擁有什麼？如果已經擁有了，還想再擁有什麼？」

讀大學時，一位和我一同念假日進修學士班的同學，因為家裡是寄養家庭，他就和我分享他帶過的寄養孩子。至今回想起他說過的片段，仍教我難過心酸。他說那位寄養孩子剛到他家時，吃飯完全不知節制，就是一直拚命地吃，好幾次都吃到嘔吐，原本他的家人以為這孩子只是食量大或自制能力較差，後來，才知道因為那孩子覺得如果這一餐沒有吃飽，下一餐可能不知道在哪裡？當時，我難過得簡直難以用紙筆形容，無法想像在已開發的台灣社會，居然有如此不堪的景況，也無法想像社會底層的悲哀究竟有多深。究竟是怎樣的生命故事，會讓孩子如此不安？

我不斷思考著安置機構內的竊盜事件，也問過溫青霖覺得應該怎麼處理比較好？只見他義憤填膺地回答：「我早就知道是誰了！如果可以自己處理，我肯定會處理得比工作人員還好！」那種以暴制暴的說法，真叫我不寒而慄。

「溫青霖，你夠聰明，一定知道怎樣處理才會最有效。我想，你的辦法一定也會比工作人員管用許多，不過，我們可不可以試試比較不一樣的方法呢？」我禮貌性地邀請溫青霖一起來腦力激盪。

「既然你可以嘗試過著與以前截然不同的安置生活，那麼，碰到問題時，要不要也試試和以往經驗不同的處理方法呢？說不定，那個過程會很有趣唷！」我持續且小心地鼓勵著溫青霖，深怕一不小心，他會將我歸類為「反正，你是社工，就只會使用社工的方法來處理而已」。

討論中，我們帶有許多主觀性的想法，這牽涉到我們的成長背景、處理事情的經驗、社會的歷練。好幾次，我和溫青霖的生命交會了，然後，再次分開……。

「如果可以，想像不會偷竊的你和那些慣於偷竊的孩子的差別。」

溫青霖是幸運的，有俊帥的外表、天資聰穎、有著理性的邏輯分析能力，更重要的是有許多倚重他能力的黑幫兄弟，以及他的野心，他仍然希冀著安置生涯結束之後可以東山再起。不過，那些慣於竊盜的孩子什麼都沒有。最後，我們的結論是，寫字條向偷兒溫情喊話，儘管最後效果不大，不過，我一直深信溫青霖和那些慣於偷竊的孩子的心，一定都曾經被稍稍撼動過。

我一直試著讓孩子們知道安置機構就是他們的家，家裡面當然都可以自由進出。

「家裡面會有小偷嗎？是不是哥哥或弟弟先借去用了？」在孩子們看來，我可能很幼稚。關於安置機構內的竊盜案件，其實，我找不到更有效的解決辦法。數年過去了，孩子們仍然陸陸續續向我抱怨什麼東西不見了，幾個月之後，那些東西才又神奇地出現。晚餐預留的菜肴依然總是消失不見，而鬧鬼的傳聞也從不間斷。即便如此，我仍然沒有提議改變安置機構的制度，仍然沒有採用「不給零用錢、報警、統一物品」的方式來消極防堵，不過，安置機構將會更謹慎地去了解發現孩子的需求，並盡可能地滿足他們。

曾經，在某任職安置機構的會議中，當工作人員強烈提議裝設錄影機來預防打架和竊盜問題時，我堅決反對這項提案。很不幸地，沒多久，就發生安置機構觸法少年破壞辦公室門窗，撬開保險櫃竊取金錢的案件。那一年，辦公室和觸法少年的活動空間都被裝設了錄影機。

只是，竊盜問題真能因此解決嗎？許許多多安全感沒有被滿足的孩子，仍在暗處蠢蠢欲動。

竊盜行為的背後

馬斯洛說過需求理論（Maslow's Hierarchy of Needs）最基本的溫飽階段，是對於生理以及安全感的渴望。安置機構內的觸法少年，無論是因為任何觸法案件或理由而被裁定安置輔導，我想，這都是他們該享有的權利。我嘗試放下社會文化體制中批判觸法行為的負面價值，試著去理解竊盜成因的背後問題，協助引導溫青霖看到竊盜行為背後的意義，雖然當下他未必能認同，卻也願意一起嘗試對偷竊的孩子溫情喊話，努力捨棄有別於以往的既有經驗，並發展出新的思維來面對竊盜事件。

我也發現竊盜行為的發生，有時未必是自我需求沒有辦法被滿足或缺乏安全感而產生的行為，竊盜成因應該更深層地被看見、被理解。每個竊盜成癖的孩子，往往讓我更加不捨和難過。

竊盜行為淺層的意義，除了顯示當下孩子的需求沒有辦法被滿足，或是慾望無法克制之外，也可能想透過竊盜行為去引起他人的關注，希望從被處罰或責罵的過程中，得到被關注的眼神和被在乎的感受。我也曾發現，有些孩子的特質並不符合社會期待，在群體中總是被邊緣化，久而久之，便在心理層面上醞釀出反社會人格的特質，透過竊盜或其他觸法行為，去發洩情緒。在傷害別人的過程中找到報復的快感，進而得到自我滿足，而不再覺得自己很委屈。

值得一提的是，少年觸法行為的問題背後，也有可能是先天帶來的限制，例如：有先天性注意力不足或伴隨過動症的少年，因衝動行為以及自我控制能力不足而連續觸法，這在我工作的歷程中屢見不鮮。這樣的孩子大都是在成長歷程中，曾被不斷包容卻毫無進展，當社會對他們逐漸失去耐心之後，只能被指責、被放棄，而在安置機構的處遇過程中依舊忽視了他們先天上的限制。如何有效地結合醫療、社政、教育資源，對症下藥地去協助這樣的孩子。但在實務經驗中，往往有許多困境，必須有效統合多方資源，才能確實給予觸法少年協助。

我也遇過亞斯伯格症的少年，因為亞斯伯格症在人際互動過程會不斷遭受挫折、一直被排擠於外，導致憤世嫉俗，對社會充滿負面情緒。可以想見的是，每個孩子都有一段難以被理解的生命故事，就如同我們每個人都有一段自我成長的生命歷程那樣獨一無二，造就每個獨特的生命。生命成長的成因太多，該如何透過社工的專業才能，更細膩的被發現，進而透過這樣的發現更細緻地去處理，則是我在工作中的瓶頸。

我的工作不單是接觸孩子而已，如何與社會系統中可能與孩子發生關係的每個人一起努力，並讓社會理解並看見孩子的存在，的確不是容易的事。如果社會上的每個人都不吝於伸出手，借力使力地拉孩子一把，我想，有這般困境的孩子，必將不再孤單。

權力和位階

「呂瑋隆逃離安置機構了，或許是因為沒有錢買香菸，才偷了孫永新的錢，其他觸法少年告訴生活輔導員了，聽說可能會報警處理，呂瑋隆可能是怕有新的案件移進法院，會被送感化教育才逃跑的吧！」溫青霖對著剛進辦公室的我這麼說道。

溫青霖說安置機構中的觸法少年，目前分為兩派勢力，一派以呂瑋隆為首，另一派以徐國華為首。在少年觀護所時，就有認識的朋友透過關係，要徐國華幫忙照顧才剛剛被裁定安置輔導的溫青霖，所以，溫青霖和徐國華自然走得比較近。言談之間，聽得出來溫青霖對呂瑋隆頗有微辭。現在，呂瑋隆逃離安置機構了，派系之間的紛爭彷彿不復存在，大家都鬆了一口氣。

「呂瑋隆和徐國華兩派壁壘分明，不知是從什麼時候開始的，總之，一山難容二虎吧！兩個年紀相仿且同樣想主導安置機構同儕運作的他們，很容易為了一點點小紛爭就鬧成團體之間的衝突事件。舉例來說，新進到安置機構的人，雙方就會先以走私到安置機構的香菸各自角力拉攏，之後，就開始分屬於不同團體，在安置機構內相互制衡，井水不犯河水。只是，呂瑋隆會常常為了想出風頭，證明自己在團體中較『大尾』，便無故製造事端，造成雙方人馬的衝突。」溫青霖一氣呵成地說著。

溫青霖曾問我：「為什麼不乾脆將相同勢力或生活圈的人盡量分在同一組，像同一個房間、同一個打掃區域、相近的座位……等等，彼此不就井水不犯河水、相安無事了嗎？」

可想而知，這些社會化下的產物，形成團體生活中各自有小團體。無論從哪個觀點看，每個人都有自己獨特的特質，自然也會被相似特質的人所吸引，進而成為朋友，甚至於是知心朋友。然而安置機構中，不少孩子的社會經驗豐富且世故，即使在相同勢力的團體中，也各自有其位階。位階高的觸法少年往往會要求位階低的觸法少年處理其生活內務以及雜事（例如：幫忙洗衣、洗碗、整理內務……等等），位階低的觸法少年也擔心在團體生活中找不到依附感，多半逆來順受，忍氣吞聲地等待在團體中的位階能逐步提高，等媳婦熬成婆之後才能壯大自己。因此，若是將同屬勢力的觸法少年畫分在同一個生活圈，位階霸凌變得理所當然且合理化。

資源背後的小團體

我曾好奇地問溫青霖：「這樣的生活不是很辛苦嗎？況且，安置機構中，不過就幾十個人，大家還會選邊站嗎？」

「資源多的一方，自然會有比較多的人來靠攏。」溫青霖笑笑地回答。他說的資源是指香菸以及朋友來訪時偷塞的現金。

溫青霖告訴過我，有一次，在少年觀護所認識的乾哥哥來安置機構探視他，避過安置機構工作人員的耳目以及簡易檢查，走到安置機構遠處的牧場放置東西，之後，溫青霖找尋著一包零食的紙屑，裡面放著那位乾哥哥偷塞給他的五千元現金。後來，雖然被工作人員發現，禁止那位乾哥哥再來探視，不過，那位乾哥哥每個月仍會直接跑去他的學校和打工的地方跟他見面。

看著溫青霖洋洋得意的笑容，我想，他的資源應該是蠻多的吧！足以讓他在安置機構中吃香喝辣、呼風喚雨。到安置機構之前，觸法少年大都有菸癮，安置機構考量這些少年被安置輔導的主要原因並非是為了戒菸，因此，對於抽菸這件事，大都是循循善誘，卻也間接合理化在安置機構中以香菸當做資源並建立團體勢力的正當性。

安置機構內，每天幾乎都有不同團體勢力的衝突事件上演，例如：他們上課、上班搭交通車時遲到，引起其他也要上課、上班的人不滿，不同的團體就會開始相互嗆聲；又例如：某人的生活習慣較差、較髒亂，影響到其他人，不同的團體也會捍衛彼此各自的人馬，衝突往往一發不可收拾，必須由工作人員出面協調處理，才能回復平靜。說實話，衝突事件一直是暗潮洶湧，等待爆發罷了。

團體勢力中，與溫青霖處於敵對關係的呂瑋隆，因在安置機構內已經多次違規，與生活輔導員也發生過多次衝突，在安置機構外的工作狀況不佳，也與老闆多次發生口角，被安置機構暫時留園觀察。也因為被留園觀察，所以，沒有外出的零用金，也沒有親人或朋友能來探視，無法給予物質或資源支持。不久之後，呂瑋隆所屬勢力的觸法少年，在沒有資源的誘惑下，紛紛轉而投奔徐國華、溫青霖的陣營，新仇加上舊恨，儘管徐國華、溫青霖並不咄咄逼人，但向來放肆不羈的呂瑋隆已喪失表現的舞台，在安置機構內顯得孤立無援，最後，只得選擇逃離。

忽然之間，我能理解溫青霖口中喜歡無故製造事端的呂瑋隆了，在資源有限的狀況下，又要證明自己的存在價值，確實非常辛苦。

鐵定裁定感化教育的呂瑋隆

一進辦公室，我就聽到工作人員說道：「那天半夜，孫永新突然跑下來說自己每天存下來的五百元不見了，『有人』看到被留園觀察的呂瑋隆，白天利用孫永新上課不在房間時，偷偷地溜進孫永新的房間內翻找，後來，在生活輔導員的確認下，果然，在呂瑋隆的內務櫃找到五百元。生活輔導員因為考量他被留園觀察一陣子，並沒有外出零用金，所以，質疑他的五百元從何而來。這時，只見他忿忿地拋下一句：『你們都說是我偷的，那就是我偷的啊！』免不了他又因態度不佳而與工作人員起了口角衝突。」凌晨時分，呂瑋隆從安置機構逃跑。然而，此時的安置機構卻充滿著歡愉的氣氛。

從安置機構的觀點來看，呂瑋隆確實是號頭痛人物。根據工作人員的觀察，他像是個地痞流氓，往往藉由無故製造事端來證明自己的價值，所以，在安置機構的規範遵守以及外出工作時與老闆的配合度，都很讓人失望，加上呂瑋隆已經有多次逃跑和違規紀錄，因此，這次除了在安置機構竊取其他觸法少年的金錢之外，加上再次逃跑，一定是會被法院裁定感化教育。所以，無論是安置機構的工作人員或是其他觸法少年，都鬆了一口氣。

即便呂瑋隆逃離安置機構已經一個多月，我仍忘不了初見他時那種桀驁不馴的神情，其實他根本沒有意願被安置，只是因為已經犯下多起竊盜案件和傷害案件，法官告訴他如果不接受安置輔導就會裁定感化教育。

呂瑋隆的成長背景，也讓我很心疼。他是非婚生子女，根本不知道自己的親生媽媽是誰，小時候的記憶就是爸爸會一直打他，國中時開始蹺家，三天兩頭就寄居於朋友家裡，有一次，帶女朋友回家，卻遇到爸爸在家，這次，爸爸卻反常地對他關懷備至，並且，拿出珍藏的酒吆喝著一起分享，在不勝酒力的狀況下，他醉暈了過去，女朋友則被爸爸性侵了，後來因為覺得愧對女朋友，沒有顏面在原本的生活圈生活，便獨自一人到另一個城市生活，最後，因竊盜案件以及傷害案件而被裁定安置。

安置不久之後，法院以祕密證人身分傳喚呂瑋隆到法院協助指認他爸爸性侵女朋友的案件，他向法官表明拒絕作證，全身顫抖著說：「那個人再壞，畢竟仍是我的爸爸……」

我忘不了呂瑋隆那防衛性的眼神，我想，自幼被爸爸家暴，最後，連女朋友都無法保護，這一切，教他如何能再信任別人？他的心早已碎裂，該如何修補？他與世界的信任橋樑早已斷了，又該如何銜接？他和安置機構工作人員的相處總是劍拔弩張，我也總是小心翼翼地和他相處。對於安置機構中擁有權力的觸法少年，呂瑋隆總會無端製造事端，且不願屈服，導致安置機構內一提到呂瑋隆，第一線的生活輔導員都束手無策，難有交集。

三個月之後，法院傳來消息，觀護人說呂瑋隆在南部被警察抓到，卻因再次犯下竊案被當做現行犯逮捕，召開臨時庭時建議該地院法官當庭收容在少年觀護所，正式開庭之後，由少年法庭裁定感化教育，移監到少年輔育院執行。

溫青霖要離開安置機構的前幾天，無意間我們再次聊到呂瑋隆，他徐徐地說著：「那五百元，其實是徐國華交給孫永新的，趁著沒有人注意時，藏在呂瑋隆的櫃子內，栽贓陷害呂瑋隆。」他又接著說：「那陣子，我們知道工作人員和大家都對呂瑋隆的脫序行為感到很頭疼，單純地站在『維護』安置機構和諧的立場才幫忙『處理』呂瑋隆的。」

安置機構中的生存樣態

Bowly 提出的依附理論，強調早年與重要的他人形成密切依附與聯結互動關係的重要性，他指出，若是一個人在童年時期能得到主要照顧者充分的愛與關懷，便能產生正向的依附關係。這種親密關係建立的型態，也會影響到觸法少年在親密關係的建立，同樣地，還會影響到觸法少年與他人建立關係時所採取的態度。

在安置機構中，我發現觸法少年在成長過程中大都未能得到充分的關懷，幾乎都是在家庭破碎的歷程中成長，那樣的經驗，容易產生強烈的痛苦情緒，成年之後，可能就很難與他人建立信任而穩定的關係。我也發現安置機構內的觸法少年各自運用不同的方式找到其依附感和安全感，如同溫青霖，在進少年觀護所時，就透過關係要徐國華幫忙照顧，所以，二人自然走得比較近。言談之間，聽得出來溫青霖對呂瑋隆頗有微辭。可以想見，透過關係，觸法少年在安置機構內形成「小團體」，也可以看到因為小團體的不同，觸法少年之間的關係壁壘分明。

這些小團體內的少年，相互依附，並逐漸建立勢力，營造安全感，卻也相互角力。這些少年的過往皆因本身或環境發生不可抗力之因素，致使生活變遷，最後被迫接受安置。因為分離的情緒而帶來的失落感，隨即在新的安置環境中產生不適應的壓力，那種壓力，會讓依附關係增強，必須藉由加入小團體，才能讓自己盡快找回安全感。

然而敵對關係的小團體，則可能會接收到其他小團體間較嚴格或不講情面的對待。這種「不同國」的同儕關係，少年們通常會要求一切按照「規矩」來，犯錯就是要報告工作人員，或用栽贓陷害的方式，迫使與自己敵對的觸法少年離開安置機構。但弔詭的是，儘管是相同的小團體，也可能會因為小團體內位階的爭執而產生對立關係，或因不同觸法少年的離開、加入或鬥爭，再分化成更小的團體。這種矛盾的依附關係，一方面，想找到安全感以及依附感；另一方面，又要伺機排除異己，以增加這種安全感和依附感的需索。

安置機構內的小團體，講求位階權力，由於不同特質或不同屬性的少年在安置機構中會有所謂的權力落差，在「沒出事就好」的鴕鳥心態下，安置機構大都默許這樣的情況發生，加上長期安置機構內部的文化累積，更難改變這樣的「權力關係」。因此，即便安置機構中較為弱勢的觸法少年對於這樣的情形有所不滿，但他們也知道即使向工作人員報告也難以改變這一切，甚至於怕自己會被孤立或引起其他人的不滿，只能忍氣吞聲。

虐狗——溫青霖的惻隱之心

因為要趕在九點之前送出法院和社會處的月報表，六點不到，一早我就到了安置機構的辦公室。我先趴在辦公桌上打盹，突然，聽到一隻狗不斷地狂吠，另一隻狗不斷地哀號，讓精神恍惚的我也不得不留心起來，只是因為昨晚熬夜，再多的聲響也喚不走我的瞌睡蟲，我懶洋洋地趴在辦公桌休息。幾分鐘之後，那淒厲的慘叫聲仍不間斷、劃破寧靜，我愈聽愈膽戰心驚。讓人聞之肝腸寸斷。顧不得睡眼惺忪，我從辦公室衝到外面園區尋找聲音來源。

早上六點半，安置機構內的孩子正要準備上學，不少孩子陸陸續續起床，在上下樓之間來回穿梭。我相信，方才淒厲的狗吠聲，大家一定都聽見了。只是，安置機構內的孩子匆匆忙忙，狗兒狂吠的淒厲慘叫，實在引不起他們的關注。

循聲而行，我發現那聲音是從安置機構外不遠處的菜園傳來，穿越重重鐵絲護欄以及菜園的雨後泥濘，此時，映入眼簾的是兩隻狗，其中一隻狗因被捕獸夾夾住而發出陣陣哀號，另一隻狗則是有情有義地守在一旁仰天狂吠，卻束手無策。

我試圖將捕獸夾拉開，才發現受傷的狗因為腳被捕獸夾夾住，想以嘴巴去撐開，卻弄巧成拙，導致嘴巴和腳掌全被夾住而鮮血淋漓，在一旁狂吠著急的狗卻怎麼都不願讓我再靠近受傷的狗，我一接近受傷的狗想幫忙拉開捕獸夾，牠便咬牙切齒地向我撲來。我想，這也合乎常情，畢竟在牠眼中的人類是如此邪惡。

正當我和牠同樣陷入不知所措的情境時，終於出現一位騎車環島的大學生伸出了援手，不過，我們同樣不知如何是好，只得先簡單討論一下，決定由大學生先拿食物安撫兩隻狗，我再來想辦法拉開捕獸夾。我們也都擔心著，深怕自己的無知，想將補獸夾撬開，卻讓受傷的狗陷入更大的痛苦中。

受傷的狗，防備心很重，安撫過程中，仍發出慘絕人寰的叫聲，牠的同伴一聽到慘不忍睹的哀鳴，就認定我們一定又欺凌牠的同伴，就齜牙裂嘴對我們狂撲而來。好不容易，我終於讓受傷狗兒的嘴巴脫離捕獸夾，只是，牠的腳仍被緊緊地夾住。此時，受傷的狗因為憤怒、緊張、痛楚，而對我們失控亂咬。見我們閃得老遠，便奮力想掙脫後腳的捕獸夾，無奈因捕獸夾被鐵鍊固定住，受傷掙扎的狗企圖逃跑，卻仍然功敗垂成。

我們都害怕受傷的狗會用力過猛，使後腳被捕獸夾硬生生地扯斷而殘廢，卻又因為無法得到狗的信任而難以靠近，最後，在大學生引開狗的注意力時，我逮到時機，用力撬開捕獸夾。在補獸夾打開的剎那，受傷的狗早已遺忘剛剛的憤怒，一拐一拐地狼狽而去，適才齜牙裂嘴的兇狠不過是虛張聲勢而已。

那名大學生見狀說：「怎麼有人這麼殘忍，放捕獸夾來獵捕小狗？」聞言，我回答說：「不可能有人這麼殘忍啦！況且，這裡這麼偏僻，只有我們安置機構的孩子在這邊活動而已，應該是外面的人不小心亂丟的。」

晚上孩子放學、下班回來。看到我獨自在辦公室，溫青霖主動地靠了過來告訴我，捕獸夾是徐國華和孔正祐為了抓狗、打狗，偷偷地去五金行買來放的。

大約是凌晨兩點多吧！徐國華和孔正祐過來問我，說他們要出去買東西吃，問我要不要吃什麼，我拒絕了。大概凌晨四點多，他們帶著酒氣回來，身上還沾了不少血。徐國華得意洋洋地說他的陷阱又奏效了，這回抓到了兩隻狗，可惜只解決了一隻，另一隻跑了。他們笑得很大聲，當時我實在太累了，而這些話題也實在是引不起我的興趣，於是，我又沉沉睡去，畢竟明天一大早我還得上學，不想瞎攪和這些無聊的事件。

有些事情，我是在這裡才大開眼界的，就拿打狗這件事來說吧！欺善怕惡的事情，我向來看不起！況且，還是欺負小動物。以前，安置機構內養了三隻狗，我聽說有一隻是被孔正祐活生生打死的，事後，工作人員詢問他，雖然孔正祐矢口否認，不過，其實大家早已心裡有數，只是一直苦無證據罷了。

這些都算不得稀奇事，我就親眼看過幾個人拿打火機將捕鼠籠內的田鼠慢慢地火烤至死，那田鼠受凌虐吱吱叫的聲音，我一直難以忘懷。虐待小動物這件事，在這裡的人看來，似乎是極為稀鬆平常的。打死安置機構的狗之後，孔正祐就被安置機構盯上了，變得比較低調、比較小心，深怕再被安置機構追究。只是，過不了多久，孔正祐和徐國華又開始很熱衷半夜在外面設陷阱捕狗再打死狗，他們似乎樂此不疲。

有一天早上，我去附近的便利商店買東西，附近派出所的員警看到我從安置機構出來，他就問我是不是我們去打狗，他說狗主人很傷心地來報警。一開始，我推說不知道，因為我自己一直很喜歡小動物。想著、想著，我居然也跟著落下淚來。不過，我並不想出賣孔正祐和徐國華，然而，面對這樣的事情，我真的很無力。後來，看著員警朝著安置機構的辦公室走去。我在心底思忖著，今天晚上，就告訴林老師吧！我想，這件事情，他一定會有辦法處理的，我也希望這件事情能快點兒水落石出，然後盡快落幕，我無法再忍受徐國華和孔正祐在行兇之後洋洋得意的笑聲，那種不舒服的感覺，會讓我想起以前冷情的自己。

聽完溫青霖的話，我才恍然大悟，原來這個樣態早已變成眾人皆知卻鮮少人聞問的生活事件，才了解那名大學生所說的「殘忍」真實存在，捕獸夾放在鐵絲網護欄的菜園內是為了更方便孩子們抓狗，而捕獸夾的鐵鍊固定於地上是試圖讓狗兒掙脫不成，以方便孩子們虐待小狗。親愛的孩子們，你們居然如此殘忍？

我總是相信孩子、極力為孩子辯解，但現在的我卻顯得如此愚蠢無知。

鄉愿的寵物治療

我一直相信人性本善，直到最後一刻，才難過地認清孩子們的麻木不仁。由於孤獨的成長歲月中有動物陪伴，溫青霖我和同樣無法忍受安置機構中的動物被虐待，卻又同樣無力扭轉現況。

由於安置機構位處偏僻鄉間，加上旁邊有牧場，所以，養了不少動物，有一隻豬、三隻狗、四隻兔子、兩頭牛、兩頭羊，卻在我任職的這幾年陸陸續續死去或消失，現在就只剩下兩隻狗和一頭牛。

有人說死去的動物是因為年老而過世，有人說牠們是吃了被噴灑農藥的牧草而中毒死去，也有人說是被幾個安置機構的觸法少年虐待致死，有人說那些突然消失的動物是發情或者是找到更好的主人去過更幸福的生活，各種傳聞都有，但真實狀況則不得而知。

醫護文獻上曾指出，如果藉由寵物陪伴，就可以增加個人的安全感、自信心、與他人互動的頻率，進而減少孤獨感，所以，我在任職安置機構之初，知道這裡是鼓勵觸法少年養寵物的，主要是因為想透過動物飼養去協助他們在人與人之間建立互動的親密關係和信賴感，並學會情感的表達，了解愛的付出以及被愛的需要，重塑自尊心、建立新的人格架構。原本立意良善，卻忽略了最重要的一環，安置機構內沒有專業的人可以告訴孩子們該怎麼照顧和包容動物。於是，我任職的這些年，那些動物陸陸續續死了、消失了……

某一次，我和一個孩子為了是否可以再收留流浪狗回來餵養而起爭執，我問孩子將狗隨便帶回來養，玩膩了或去上課、上班時，誰負責清掃？誰負責餵養？當狗孤單害怕而吠叫時，誰可以從旁安撫？當安置機構中沒有人願意清掃狗的排泄物，也忍受不了狗一天到晚吠叫，被安置機構內其他人虐待或毆打時，誰來阻止？

那孩子理直氣壯地反駁說：「如果不將牠撿回來，牠在路邊也會餓死啊！」

當時，我居然很冷血地回答他：「我寧願牠在外面餓死，也不要再讓我發現動物被我們安置機構的孩子凌虐至死！」

我曾經也相信動物能協助撫平孩子們成長過程中的傷痕，進而鼓勵安置機構餵養動物，也曾經因為外界參訪或評鑑安置機構時，因為飼養動物可以加分，而不反對安置機構內餵養各種動物，不過，現在我堅持不要再讓動物進來了，因為不完整的愛心或不完整的專業比麻木不仁更殘忍可怕。

還記得我大學剛畢業的那一年，風靡國內的日本電影《再見了，可魯》，以及感人肺腑的日本電影《莎喲娜拉！小黑》，所以，對於動物陪伴，可以增加個人安全感、自信心、與他人互動的頻率、減少孤獨感的治療效果，我一直深信不疑。

事後也證明動物治療不是譁眾取寵的把戲，而是利用人與動物之間的自然療癒力量，將動物當成治療媒介，但這必須經由治療者以系統性、計畫性的方式介入，才能達到緩解、治療個案的目的。如果沒有經過審慎評估，就貿然地介入，對於動物、治療者、個案而言，都是一種傷害。

有關那些少年——溫青霖的兄弟們

在安置機構中有各式各樣的人，是之前我沒遇到過的。譬如：有一個叫做徐國華的，單純率真得可以，對我總是知無不言、言無不盡。他曾說過他的嗜好是吃狗肉，這一點讓我毛骨悚然、不敢苟同。還記得有一次，安置機構外面有一條蟒蛇被汽車輾過掛彩，不一會兒，大家都跑出去看熱鬧，卻發現蛇膽已經不見了。後來，我發現徐國華的嘴邊有些蛇血，這也讓我很震驚。

其實早在我進少年觀護所時，就聽說過徐國華這號人物，觀護所內有一個「兄弟」和徐國華是遠親，知道我被法官判到這個安置機構，告訴我可以在安置機構內向徐國華報上他的名字，徐國華就會將我當做拜把兄弟、好好照顧我，除了這層關係之外，在個性方面，徐國華也是我在安置機構內比較處得來的人。為什麼呢？說真的，純粹是因為和他相處時，完全不需要動腦傷神，也不需要防東防西，彼此都會照應一下。有菸時，他會拿菸給我一起抽；有酒時，他會問我要不要一起喝。不過，我是不喝酒的，在安置機構內，喝酒很容易被抓，算重大違規。

徐國華從來不避諱他犯過性侵案，他說那只是玩玩而已，其實，連衣服都還沒脫，那個女生就掙脫報警了。還有一條是傷害案件，他就被法院裁定安置輔導。原本在我進來的這一年，他就安置期滿，可以結束安置了，但因為他高中常曠課，被學校退學，也還沒有自立生活的能力，法院就延長了安置輔導，因此，他在這兒已經第三年了。後來，我發現犯下性侵案的人在星期六都要去法院上性教育課程，所以，只要看到某某某去上那個課，就知道他是因為性侵案而進來的。

徐國華為人很不錯，個性海派豪爽，不拘小節，無論和工作人員或是人的關係都很好。很多事情，通常他只要喬一下就可以了。很自然地，他在安置機構內已經經營出一股不小的勢力。他曾說過，他高中一年級中輟、被判安置之後，就沒有再去上學了。安置機構幫他找到一個洗車廠的工作，薪水似乎不錯。每回下班，他總會帶一些飲料或雞排，固定分給孫永新和其他幾個人。我說過和徐國華相處，幾乎不必用腦細胞，再加上他的人很不錯，不少人都以他為中心，形成一個小團體，常在他身邊圍繞的，除了我之外，就是孫永新和孔正祐了。

孫永新的個子不高，卻已經是高中一年級的學生了，他的外表斯斯文文的，細看之下，長相頗惹人憐愛。不過，我很不喜歡他，因為他是個娘娘腔。但因為我和徐國華算拜把，光是這層關係，所以我還是會關照一下孫永新。不知道是不是太陰柔的緣故，孫永新的人緣奇差無比。我想，如果不是徐國華罩著他，他應該會被圍毆吧。

我曾聽孫永新說過他讀國小時就是在寄養家庭長大的，卻因為在寄養家庭時和寄養父母都處得不好，所以，換了好幾個寄養家庭，但都被趕了出來，最後，在外竊取別人的機車，被法院判來這兒安置。有段時間，他一直嚷嚷著說很想回家，他說的家在台灣的南端，那兒有山有海、被白雲覆蓋著。那裡究竟是怎樣的世界呢？我實在想像不出來。

孔正祐十六歲，是被北部某社會處安置在這裡的，在安置之前，已經分別在三間不同的安置機構待過，卻都在安置機構內觸犯公共危險案件而被趕出來。他說社會處的社工帶他去很多安置機構面談過，結果，都因為他在之前的安置機構發生過狀況，所以，都被拒絕安置，好不容易，才找到現在這所安置機構願意接受他。詢問他為什麼犯下公共危險案件，他說看之前安置機構的老師和學校老師不順眼，就放火將老師的車子燒了。因此，剛到安置機構時，雖然他是國中三年級，不過，卻沒有學校敢讓他就讀。最後，在社工的協助下，才申請到外面的店家學習美髮，一直做到現在。

至於徐國華，我一直很佩服他那種隨遇而安、做事海派的性格，這是我個性中沒有的。許多事情我總是想得太多、太複雜，一不小心，就會鑽進死胡同。

進來這個安置機構半年多，一直以為該發生的古怪事情，我應該見識得差不多了，直到某天半夜，我起來上廁所，卻在安置機構圖書室的角落看到比徐國華生吞蛇膽更震驚的畫面，是孫永新正在幫徐國華口交。

男人和男人之間也可以口交嗎？那天晚上，我輾轉難眠。

隔天早上，徐國華一樣爽朗地對我打招呼，然後，生活輔導員載他去工作、載我去上課，一切和以前一樣，沒有什麼不同。

除了那晚撞見他們口交之外，對我來說，安置機構內的生活沒有什麼不一樣，只是，後來輪到我打掃圖書室時，我比誰都清楚明白為什麼圖書室內總會有衛生紙或濕濕黏黏的液體。

少年們的性需求

在溫青霖看到孫永新幫徐國華口交之後的某一天，孫永新突然直接跑去辦公室找主任，說他被徐國華性侵，徐國華強迫他口交。

一旁的我，覺得很奇怪，總是形影不離的兩人，如今卻變得劍拔弩張、反目成仇。據溫青霖說，孫永新好像弄壞了徐國華的東西，卻態度惡劣，於是徐國華動手教訓了孫永新，孫永新才會如此大聲嚷嚷。

事實究竟為何，已經不重要了，安置機構能做的就是先隔離雙方，然後，責任通報主管單位，請社會處的社工來協助處理，在分別約談雙方之後，卻讓這樁事件淪為羅生門。最後，在社會處的社工、觸法少年的家長以及安置機構討論之後，有一方因疑似被強制性交只好報警處理。此時，孫永新的家長開始到處嚷嚷說他們的兒子被欺侮了，要求鉅額賠償，此事因此進入司法程序。

法院的觀護人也到安置機構了解實際狀況，在安置機構工作人員的陪同下，孫永新說他很喜歡徐國華，也知道徐國華很照顧他，當天他確實只是因為徐國華打了他，才胡亂說自己是被性侵的。後來，孫永新說了一句讓大家都臉紅心跳的話，他說：「我喜歡精液的味道！」間接證實了他幫徐國華口交的事實。至於徐國華呢？他依舊矢口否認，且否認得近乎歇斯底里，他說自己一直很照顧孫永新，從來沒有發生過那樣的事情，面對孫永新的說法，他羞愧得無以復加。

這其中有太多的兩難。第一，我和社會處的社工討論，將事件急就章的走向司法程序的用意為何？如果雙方是你情我願，還會有加害者和被害者的問題嗎？第二，雙方都已年滿十六歲，在你情我願的前提下，從事合意的性行為已非公訴罪，難道非得走入司法程序嗎？如孫永新所說，他喜歡精液的味道，既然如此，是否他也享受那個親密過程？走入司法程序，對孫永新來說，某些程度也意謂著他喜歡男人是犯罪。孫永新能分辨安置機構只是責任通報，而不是予以譴責嗎？特別是在同性別且保護性質濃厚的安置機構中，他是否分辨得出發生性關係之後的通報無關性別，而是法律上定義的未成年人或特定場域發現未成年的性行為，都需要通報嗎？走入司法程序之後，情慾的發展，是否會留下一道司法案件的標籤呢？

事實上，根據兒少法規及兒童及少年性交易防制條例、性別平等教育法規定，知悉兒童以及少年保護事件、家庭暴力、性侵害、性騷擾暨性交易……等等事件時，兒少相關教育人員應於二十四小時內依程序向社政主管單位進行責任通報。我知悉且熟稔法條法令的規定，只是，在當下，我卻混亂掙扎得不知如何著手，只能尊重且配合社會處社工的處遇，從法律層面的規定來看《刑法》，成年人與十六歲以下的男女發生性行為，不論對方是否同意，都觸犯妨害性自主罪，屬於公訴案件，不可冀求能撤回告訴，若雙方皆為未成年者則為告訴乃論，是否進入司法程序，則取決於雙方的監護人。

就這個事件來說，徐國華和孫永新都已年滿十六歲，如果雙方都同意，是否還會有違法的問題呢？還是只是因為發生在安置機構，相關責任人員依法通報主管機關之後，再依法進入司法程序，就可以將最後處遇的責任丟回給司法單位，好讓自己可以置身事外、免除責任，然後，主管單位重新放大檢視安置機構的狀況之後，就能盡到「監督」以及「協助」的角色？如果只是「監督」而沒有實質增加安置機構的軟硬體資源，最後，會不會導致安置機構採用更「權控」的方式管理或開始隱匿不報呢？大家都希望不要再有類似的行為發生，否則，就要更「密集」地去「督促」安置機構。然而，實質增加軟硬體資源，卻有中央或地方編制經費上的考量，實在是窒礙難行。

我一直想像著，如果孫永新和徐國華不是安置機構內的觸法少年，在合意性行為之後，是否也會進入司法程序？又或者，觸及同性戀議題，才會引起更多關注，無法像安置體制之外社會上的一般小情侶，能以平常心去面對，必須被迫將情慾隱私推上檯面逐一檢視？更困惑的是，接獲通報的社政主管機關，除了「監督安置機構」之外，對於當事人兩造，究竟有什麼實質協助呢？還是，只是一味擔心自己也會受到專業上的檢視，而無法擔起責任，所以，非得必須移送司法單位處置，唯有透過司法處置背書，才能避免承擔處遇適當性的責任？

我可以理解本案可能有一方疑似為強制性侵，所以，有移送司法程序的理由，然而，我想強調的是，通報的目的是為了解決問題，但實際上是通報之後，大家是否都站在解決問題的思維邏輯來看待整起事件，還是將觸法少年推上審判台，逐一檢視如此需要隱私的性行為，就算盡了解決問題的責任呢？通報之後，安置機構以及觸法少年反倒面臨更多排山倒海而來的責難與壓力，無所適從、不知如何自處。

根據目前的刑法妨害性自主罪章，刑法第二二七條規定，與未滿十六歲之男女為性交、猥褻者，縱未違反其意願，仍構成犯罪行為。不過，法令也明定，未滿十八歲之男女犯第二二七條之罪者，可減輕或免除其刑，也就是俗稱的兩小無猜條款，即指只要發生性行為的雙方未滿十八歲，仍屬於犯罪行為，只不過是在量刑上予以減免或免除。矛盾的是，雖然現在法令有兩小無猜條款，可以減免觸法少年的刑責，卻仍將觸法少年之間的性行為視為「犯罪」。

從本案來看，如果徐國華和孫永新確實發生性關係，而孫永新的家長藉由法律上的責任要求對方重金和解，這時，社工人員就很難對當事少年解釋，為什麼孫永新家長拿到和解金之後，原本要向徐國華提告卻又撤回告訴，對於兩位當事少年的後續情感以及價值觀輔導，也會出現許多矛盾。

一段時間之後，徐國華和孫永新又恢復以往的交情了。徐國華下班之後，仍然會帶一些飲料或雞排，分給孫永新和幾位少年，和以前沒有什麼不同。

倒是孫永新似乎了解到被性侵可以當做一種武器，相隔沒幾天，他又跑到辦公室對主任說某某少年也強迫他在房間口交。調閱監視器畫面時，卻發現孫永新指控的時間點，並沒有和某某少年共處一室。後來，孫永新笑笑地說，因為那名觸法少年常喊他「娘砲」，他很火大才會信口胡謅。

後來，該事件移送到地方法院，觀護人以及法官都到安置機構做審前調查，並做場地的事件模擬，因為真相難以釐清，甚至於安排他們到調查局接受測謊。最後，在司法程序中，由於證據不足，雙方又堅決否認之下，以不付審理結案。

即便一切看似事過境遷，不過，透過溫青霖拼湊事實的我，內心卻一直煎熬著，妨害性自主是動輒數年以上的重罪，我想，對一個只因生理需求而跨越身體界限的孩子，那是相當難以承受的。無論孩子是同性戀或異性戀，無論法官認定性行為是合意性或強制性，「性需求」的議題在注重團體規範大於個別化處遇的安置機構中都是辛苦的。孩子安置輔導只不過兩年而已，在安置之前的性教育，因為各種原因，未必能落實，安置之後，除了重新適應團體生活之外，還要在當中找到安全感、依附感、處理觸法的議題、處理人際關係、沉澱自我、找到未來的方向……等等，對於一個十幾歲的孩子來說，是不是也太措手不及了？其實，我很慶幸能有這樣的結果，司法已經是道德的最後防線了，不過，如果只是因為生理上的需求，而讓雙方重新回到司法程序，予以審判以及約束，我會覺得非常遺憾。

疑似性侵事件結案之後的三個月，孫永新安置輔導期滿，順利地回到他說的那個有山有海、被白雲覆蓋的家了。

孫永新離開後不久，徐國華也收到兵單入伍服役，徐國華在安置機構內原本的勢力，很自然地都被溫青霖接收了。

不容忽視的性教育

「性」一直是我在安置機構中關切的議題。

安置機構內的觸法少年是十二歲至十八歲的男孩子，這群半大不小的孩子，都已經開始成長，第二性徵也出現了。我曾聽過一個孩子說，有一天晚上，他們幾個人睡不著、想找樂子，便爬上天花板的輕鋼架，從天花板爬過一個又一個房間偷窺，後來，在某個房間的廁所上方發現有人正在自慰，當時，正在自慰的孩子當場愣住、性致全消，那群偷窺的孩子卻以此為樂，拿來當做茶餘飯後的閒聊話題。

我也接觸過某些孩子不斷地暴露自己的性器官，藉由別人的關注來尋求性快感，那孩子說：「這樣子，才可以很快就交到新朋友。」另外，也有孩子對我透露，一回到安置機構，就趁沒有人時躲在房間內自慰，享受射精的快感，最後，卻無法自拔，進而產生許多罪惡感，擔心會影響到自己的生長發育。

這群孩子真教人心疼！在成長的路途中，想發洩自己的生理需求，竟必須如此戰戰兢兢！

醫學研究發現，適度的自慰能降低焦慮、消除緊張、排遣過多的精力，也能滿足這些精力旺盛的孩子在生理發洩方面的性需求，不過，在觀念保守的國內，性的議題還是較為避諱的，導致這些半大不小的孩子只能在懵懵懂懂中吸收一些似是而非的性觀念。

這讓我想到自己青春期之後的生理轉變以及內心的情慾掙扎。那段成長的過程，我有足夠的隱私空間，和足夠的資訊。然而，這群孩子呢？

在安置機構中，大都是四名觸法少年住一個房間，也因為教養與安全上的考量，房間不能上鎖，每個孩子都沒有太多隱私空間，所以，像自慰這樣私密的事，一不小心，就可能會被當成眾人取笑的焦點。

我很想告訴那位在廁所裡自慰卻被偷看的孩子，「如果是我被偷看，也會和你同樣難堪，不過，你應該知道，偷窺你的那群孩子，他們也和你有著同樣的需求，只是，他們沒有辦法像你那麼坦然面對，所以，只能藉由刺探別人隱私，再以取笑別人的方式來宣洩罷了！」

我也想告訴那位總喜歡暴露性器官的孩子，「我知道你只是不知道如何掩飾自己的需要罷了，並不是大家口中的變態，你需要的是比別人更細膩的關懷。」

我還想告訴那位總是要趁早回到房間自慰且無法自拔的孩子，「你知道嗎？其實，自慰有很多優點，不過，我指的並非肆無忌憚地自慰，『過猶不及』，就好像我們過度運動，也會有運動傷害一樣，所以，我們是否可以再進一步地討論自慰的頻率以及有沒有其他可以取代的方法呢？」

擔任少年保護社工的這幾年，我深知大多數的孩子都知道，關於「性」的議題中，哪些行為該壓抑、哪些行為該隱藏，才不會被別人恥笑，因為大多數的孩子在掩飾的技巧上都很高明，可以在情慾的掙扎中盡情探險，不過，總是有少數的孩子不知如何處理生理需求，事跡敗露之後，往往被大人訓斥不得再犯，處在無所適從的窘態裡，而當荷爾蒙再度作祟時，內心的慾望仍被封鎖在不知如何是好的罪惡感死角，最後，可能變成像那位公開暴露性器官的孩子，成為大家避之唯恐不及的變態，甚至成為侵犯他人的性犯罪加害人。

我想，這個階段的孩子，有生理上的性需求，本該是件理直氣壯且理所當然的事，然而，除了消極的圍堵、懲戒、訴諸於司法之外，是否有更好的方式來協助孩子們度過這段難以啟齒的青春期呢？

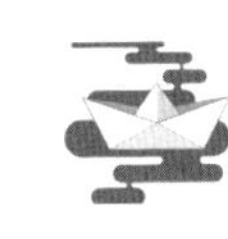

看不見的地下行規——溫青霖的生存法則

除了法律上該遵守的事項之外，安置機構有一些重大的規定，是一定要遵守的，像不得打架、霸凌、逃離機構……等等。我曾聽觀護人和林老師說過，如果違反這些規定，會聲請法院的勸導書或留置觀察，甚至於可能會被撤銷安置，而改去少年感化院。安置機構內麻煩的事情那麼多，有到處挑釁的，也有胡亂鬼吼鬼叫的，就算是工作人員，也有心情不好的時候，說實話，想在安置機構安靜生活並非易事。

我曾和林老師討論過心情不好時的發洩方法，他通常是載我出去看電影或打電動玩具。我想，我是特別的吧！不知道別人是否也有這樣的專屬特權？

學校老師曾對我說，心情不好時，可以透過寫日記或運動來發洩，不然，就是去做自己喜歡的事。只是在安置機構內，不是想做什麼就能做什麼、想去哪裡就能去哪裡的。我突然可以理解徐國華曾經說過他喜歡打狗、生吞蛇膽、找孫永新幫他口交的事情了。

安置機構內的生活如此煩悶，很奇怪的是，我明明知道這兒與其他我所知道的安置機構教養方式相比，已經是好太多了，沒有鐵門、沒有鐵窗、每個星期都可以放假、抽菸也管得不嚴、有固定的福利金、可以上網、可以打電話，除了不能住在自己家裡而已。不過，說實話，愈趨近正常人的生活，愈讓我覺得更「應該」像正常人一樣，對於不可以擁有以及被限制的事情，反而有更多的質疑。為什麼不能住外面？為什麼要定期驗尿？為什麼不能公開抽菸與喝酒？安置機構的管理愈來愈寬鬆、愈來愈人性化，反倒讓我的心蠢蠢欲動。

徐國華離開之後，我真的像回到從前一般，開始有人喊我霖哥。每個月，乾哥哥都會定期來看我，帶我出去購物、補菸。安置機構中的觸法少年幾乎都有菸癮，所以，有了菸等於掌控了資源，便可以在安置機構內呼風喚雨，真的很像以前我過的生活，唯一不同的是，從原本的毒品換成了香菸。

臨走之前，乾哥哥總會再塞個幾千塊給我，這筆錢夠我這個月在安置機構內吃香喝辣呢！有人定期補給資源，自然而然大家都會對我卑躬屈膝，甚至於連內衣褲都有人搶著幫我洗。

安置機構內，有所謂的地下行規，這在團體生活中是通用的。有句俗話說：「不打勤、不打懶、專打不長眼！」我們有自己的特有文化、自己的階級、自己的語言，這些都有別於安置機構的規範。譬如：上學坐車，一車出去通常是七、八個人，後面的座位總是人擠人，副駕駛座的座位就是要級數夠高的大咖才能坐；四人一房，內務整理的工作，最後，總是會落在最資淺的新進少年身上；又譬如：有些分配的清潔打掃工作，只要我一記眼神，就可以使用資源換到有人幫忙搞定；每次下課回來，便會有一群人圍繞在我的身邊，想幫我打點該做的內務，然後，等著我的關愛眼神。

遵守安置機構的規範，只是要自己別再辜負那些對我期待的眼神，所以，無論如何，安置輔導期間，我不會違規，不過，我也說過，其實，該如何處理的決定權也在我。如果新進的少年比較白目，或安置機構中有喬不定的事情，我便會在深夜時分召開「少年法庭」予以審判，我擔任法官，幾個兄弟擔任法警，我知道只有使用「地下行規」，才可以維持我所認為的「正義」。

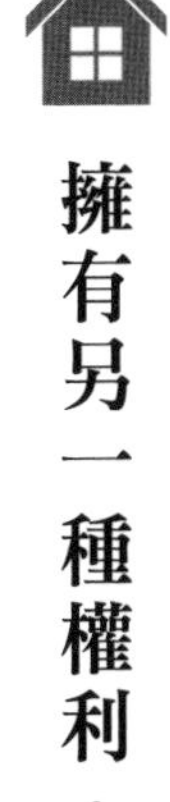

擁有另一種權利，合適嗎？

最近，溫青霖對我很不滿，他說我不該干涉安置機構內觸法少年之間的事情，因為我的干涉會使他們更加想要採用地下行規來自行處理，要我相信他會有分寸地處理安置機構內「白目」的孩子。其實，他口中那個白目的孩子就是林聰明。

安置不到一個月，林聰明就處處樹敵，甚至還分不清楚誰才是安置機構內的權力要角，就先挑釁了溫青霖，讓溫青霖在一群孩子面前顏面盡失，讓他嚥不下這口氣。

來安置機構不久，關於林聰明的傳聞就已經不少了。那一天，我聽孩子們說溫青霖處罰一個新進孩子做人肉拱橋撐地，被罰了很久，那孩子不斷地喊手痠，而溫青霖只是冷冷地回了一句：「干我屁事！」懲罰原因是那孩子沒有將溫青霖的衣服洗乾淨。

「經過一年多的安置輔導，在這樣人性化的團體生活中，溫青霖，你反而慢慢地找回從前的你嗎？你又慢慢地變回手下有很多小弟、可以呼風喚雨的霖哥了嗎？」想著、想著，我不禁打了個寒顫。

新進的觸法少年林聰明到安置機構不久，便不斷地惹事生非，主動挑釁安置機構內的其他觸法少年，想建立自己在團體中的階級地位，不過，遇到更強勢的人，就討好似地向權力中心靠攏，所以，他在淵青霖的面前總是乖得像條狗。對此，安置機構內的幾個工作人員都忿忿不平地說：「這種欺善怕惡的孩子，真的很不討人喜歡！」

接下來，還有更讓人生氣的事，自從林聰明安置在機構內，竊案就層出不窮，生活輔導員向我反映：「林聰明可能去商家以及安置機構內竊取香菸、零錢，再當做是自己的東西，藉此拉攏安置機構內較為強勢的孩子，被發現之後，再臉不紅氣不喘地抵死不認，或是看看有多少證據才承認多少。最近的一次，是林聰明觀察廚房阿姨的生活作息之後，趁著廚房阿姨與另一名少年聊天，竊取廚房阿姨的錢包，被廚房阿姨發現且人贓俱獲之後，還大言不慚地矢口否認，最後，生活輔導員調閱監視器畫面，才讓林聰明百口莫辯。」

根據一位與廚房阿姨熟稔且處理此事的生活輔導員說：「趁著四下無人，林聰明居然跪在廚房阿姨面前哭求她的原諒，一副楚楚可憐的模樣，央求她千萬別將此事告訴別人，並幫他向工作人員說情，不過，在大家面前，他仍是一副神色自若、坦然於心的從容態度……」

「這孩子真是狡猾、真是不簡單」，「這孩子真是可惡」，「得想個辦法來治治這孩子，他才能學乖」，「要想個辦法讓這孩子再進去關一關」，「最好快點讓他滾出去」，以上都是大家對林聰明的評價。

之後，溫青霖向我解釋了體罰事件，他說是生活輔導員請他協助帶好林聰明，生活輔導員說林聰明才剛剛進來就不斷地惹事、並多次違規深夜外出，生活輔導員已經給林聰明很多次機會，但林聰明總是置若罔聞，所以，兩害相權取其輕，生活輔導員就賦權給安置機構內較有權勢的溫青霖，請他幫忙盯緊林聰明，生活輔導員甚至將林聰明調到溫青霖的房間，要溫青霖隨時給他精神上的壓力，至少能避免林聰明深夜再違規外出。

溫青霖要求林聰明每天幫他洗衣服，原因是溫青霖白天要上課、晚上要上班，所以，下班回來也晚了。「如果林聰明再搞一些有的沒的，我們會有自己的法庭、會有自己的正義、會有自己的法規，深夜再動用私刑來審判他。」

溫青霖說得洋洋得意，我卻聽得毛骨悚然，特別是這樣的決議還是透過生活輔導員的背書和賦權。

我向生活輔導員反映不該授權給安置機構內的觸法少年來管理其他觸法少年，那樣非常不恰當。但無力的是，生活輔導員的反應比我還激動，雙方根本很難達成共識，他說：「林老師，你不是生活輔導員，不知道我們生活輔導員的壓力有多大！我相信溫青霖自有分寸，況且，溫青霖就是因為在安置期間的表現穩定良好，才會被賦權啊！反正，溫青霖也即將結束安置，這段期間，要溫青霖幫忙帶林聰明，只是要讓林聰明知道什麼是紀律，林聰明的苦日子也才不會太久！」我同理林聰明，也試著同理第一線生活輔導員的壓力。唉！這似乎逾越了我的權限，不該去干涉生活輔導員的管理方式。

該名生活輔導員繼續駁斥著：「這種孩子就是要給他團體壓力，他才能學習，像當兵時菜鳥都會被老鳥修理一樣，讓他們學會紀律！」他說得理直氣壯。

先是同理林聰明的背景，再來理解林聰明，並從中找到處遇的輔導方式。對於現況而言，這個方法太不切實際了，用「愛」或者是「專業」來慢慢地同理和理解林聰明，很難收立竿見影之效。

社會中也有的潛規則

社會團體生活中，大家都有屬於自己的位置，我們每個人都有，安置機構內的觸法少年當然也有。或許，你看到的是社會規範中的法律，但還有另一種有權力的人說了才算數的，那個叫做「地下行規」。地下行規不必訴諸於文字、不必被公開檢視，一記眼神、一個小動作，就能塑造出團體中理所當然的階級以及相處模式。

所謂的地下行規，你以為是在安置機構內才有嗎？其實不然，它分分秒秒在社會中真實存在，有人會揣摩上意、也有人會阿諛奉承。在安置機構內觸法少年的團體生活，猶如另一個小型社會，它會特別明顯地存在。例如：生活輔導員開車接送孩子時，駕駛座旁最寬敞的副駕駛座總是最大咖的觸法少年才有資格乘坐，而後面最狹窄的座位總是最弱勢的少年擠在那兒，生活輔導員也早已司空見慣。有一次，我參與晚間接送，看到原本坐在前座的孩子想讓位給另一位強勢的少年時，我忍不住多說了一句：「為什麼要讓他？」當下，便感受到氣氛的不尋常。

原來，地下行規比看得到的團體規範更能讓安置機構內的孩子嚴格遵從，在生活輔導員已經熟睡的凌晨時分，往往是地下法庭召開的時候，讓人不解的是，安置機構中位階夠高的觸法少年，做壞事都會被縮小看待，而位階低的觸法少年，只要犯下一丁點兒小錯，就都會被放大檢視、無限上綱。我知道這沒有什麼好奇怪的，因為地下行規本來就沒有什麼道理、規則可言，是不是不該去追究了呢？因為趨炎附勢的人，在這社會中，原本就無所不在。

地下少年法庭，開庭了

那天深夜，好幾個安置機構內的觸法少年聚集在溫青霖的房間裡，生活輔導員早已熟睡，溫青霖擔任法官，坐在最中間，旁邊幾個觸法少年則是充當書記官、法警，林聰明被強迫跪在地上，動都不敢動。

「是你說的嗎？」孔正祐吆喝著：「不然，你沒有洗衣服、被霖哥體罰的事情，怎麼會被林老師知道？」

「就是林聰明自己講的！」今天早上，生活輔導員說是林聰明主動告訴工作人員被欺侮的事情。

「靠！」孔正祐一腳就往林聰明的身上踹過去。

溫青霖沒有說話，處之泰然，儼然是真的法官一般、威風凜凜。然後，孔正祐又補上一腳。

「別踹了，會留傷。」溫青霖終於說話了。

「給他點教訓就是了，事情鬧大了，總是不好，他才剛剛來，很多事情自然不懂，教教他就好。那個生活輔導員也有問題，怎麼可以公開亂說話呢？」溫青霖笑得很溫和，輕撫著林聰明的頭髮，他說：「我想，這絕對不是林聰明的問題。」他再補充著。

「最近那個生活輔導員特別喜歡找麻煩，整天亂嚷嚷。」正在外面學習美髮的孔正祐總喜歡將自己的髮色染得特立獨行，所以，那個生活輔導員特別盯上他，也和他發生過不少次衝突。

很快地，他們放了林聰明，卻要林聰明去完成另一個祕密任務，好好地將功折罪。

向生活輔導員挑釁

那一天，孔正祐突然要我去會談室，說有個東西要讓我看，然後，拿出他的 MP4 讓我看一個影片檔，內容是安置機構內的生活輔導員體罰林聰明的畫面，畫面中有好幾個觸法少年正在圍觀，看得出來是在掩護鏡頭。

看到影片檔時，我很驚訝，詢問孔正祐這是什麼時候發生的？究竟發生什麼事，怎麼會讓平日看似溫和的生活輔導員如此失控？孔正祐氣憤難平地說平時生活輔導員就是這麼對待他們的，只是，在工作人員面前裝做很關心他們而已，其實都很假。

「霖哥說，如果林老師沒有辦法處理這件事情，他就會將畫面公佈在網路上，最後，大家只好看著辦！」留下這句話，孔正祐悻悻然地離開了。

望著孔正祐的背影，我自言自語地說：「先讓我想想辦法，看看應該怎麼處理，再給我一點時間。」隨即，我將影片上呈給主任，然後，再將溫青霖找來問，試圖拼湊事情的全貌。

此時，溫青霖的神情顯得有些不自在。

「溫青霖，你們想得到怎樣的結果？」我問溫青霖。「你們和生活輔導員處得好嗎？」我再問道。

「沒有什麼好或不好啊！他們都是自己人啊！只要摸透他們的個性，就可以隨心所欲地在安置機構內生活，只要大家能和平相處就好啊！」溫青霖回答。

「你們非常不喜歡那位生活輔導員嗎？」我再試著詢問。

聞言。溫青霖一副不置可否的神情。

我只好說：「我懂了！不過，先幫我一個忙，先別過分渲染這件事情，讓我好好地想想應該怎麼處理。」

我回頭找主任商量這件事，想像著主任處理這樣的事件，或許會有立場上的兩難。接著，我再去找林聰明。林聰明的身上沒有什麼傷痕，這一回，他什麼都不願意多說。

林聰明說：「大家都對我很好，一切都是我不好，誰叫我這麼沒有禮貌。」他回答得不帶一絲情緒，不像是我印象中的林聰明。

當時是多麼驚心動魄的畫面啊！林聰明，當時你會有多麼害怕？面對安置機構內其他觸法少年以及工作人員的壓力，你是如何自處的？對於這樣的事情，我難過得無以復加，卻不知如何是好，深怕自己再有動作，會讓生活輔導員與其他觸法少年再次將情緒都發洩在林聰明身上，卻又怕如果什麼都不做，壓力會整個轉嫁到團體中的孤鳥林聰明身上。那陣子，我只能選擇對溫青霖怒目相向。

後來，溫青霖告訴我，那是刻意製造出來的衝突事件，再透過其他的少年輾轉讓我知道，他們要求林聰明不斷刻意地對該名生活輔導員挑釁咆哮。在情緒失控下，生活輔導員就直接體罰林聰明。因為有太多類似的經驗，所以，溫青霖能掌握每個生活輔導員的個性，他很清楚如何讓生活輔導員情緒失控。

之後，溫青霖對我說，他要孔正祐將影片檔刪掉了，因為他能感受到我對這件事情的憤怒，只是，他拿林聰明的尊嚴做為他們之間取樂以及除去生活輔導員的工具，那樣的傷痕，又該如何修復？

最後，主任和所有的觸法少年開會，讓大家公開討論對於生活輔導員體罰的看法，聽說那一場會議沒有任何負面情緒，反倒是出現了很多自省的聲音，他們自認是自己不懂事，才會惹得生活輔導員不得不以體罰的方式來教導他們。總之，整起事件大抵平靜順利地落幕……

地下行規真的是特效藥嗎？

在我所任職的少年中途之家中能培養並任用足堪表率的更生人，我是感到驕傲的，因為這相對分擔了很多社會上的責任，也給更生人一個自我蛻變的舞台，在專業上的考量來看，理想化的狀況是，讓他們和觸法少年因類似的生命經驗，在輔導工作上能比較快和孩子產生共鳴，並且更能理解孩子的心情。

我想起我和生活輔導員在閒聊的過程中，他們透露從更生人成為生活輔導員，這樣的改變是受著祝福和期許的。他們大都曾在黑幫中打混過，出入監獄多次，可能是因為吸毒反覆入獄，也可能因為吸毒衍生出其他的犯罪案件進出監獄。曾經，有一名更生人對我真情訴說：「那一陣子他覺得彷彿監獄才像是他的家，服刑期滿、離開監獄倒像是放假，因為不久後又得回去了。」

能成為生活輔導員的更生人都是相當足以成為表率及讓我敬仰的，他們帶著信仰、帶著榮譽、帶著重新對未來的憧憬、帶著家人的期待，獲聘成為生活輔導員。一路上跌跌撞撞，好不容易站穩腳步，才走到今天。因此，更是小心且步步為營，因為只要稍稍一個重心不穩，都很有可能再次把他們推向萬劫不復的深淵。

像是青霖早已熟悉黑幫中的生存法則，所以，這種生活模式，他再熟悉不過了。

相較於溫青霖對生活輔導員的熟悉，若沒有不斷進修來充實專業輔導，生活輔導員是不是也會因為熟悉觸法少年們的生命歷程，很容易直接去複製自己曾有的經驗來教養觸法少年呢？生命經驗中，不斷惹是生非且屢勸不聽的觸法少年，使用地下行規以及施予團體壓力的方法最為有用，所以，默許賦權給溫青霖，請他使用以大帶小的方式去告訴林聰明什麼才是紀律，同時，將林聰明營造成團體中的告密者，讓林聰明備感團體壓力？

我試著去體會生活輔導員身處在這個系統下的無力感，生活輔導員在邊做邊學的過程中，進修所需的專業知識，他們的生命經驗又不斷的和專業知識及實務經驗碰撞牴觸，那種無所適從、自我掙扎的過程，我相信是讓人不知所措的。

依據《兒童及少年福利機構設置標準》規定，如果是安置觸法少年的機構，每四名少年應聘一名生活輔導員，若以二十八人的安置機構來說，聘用七名生活輔導員即合乎法規。實際上，生活輔導員的工作型態需照顧安置少年的吃喝拉撒睡，因此約十二小時輪班一次，意味著這七名生活輔導員在同一時段可能僅三、四人在場，而他們必須同時照顧二十八名的高難度的觸法少年。

人力不足的前提下，「方便管理」及「賦權給表現比較良好的少年協助」似乎成為必要手段。「這到後來變成是一種方便管理的教養機制，必須『管理』少年，變得沒有辦法去照顧每個孩子的身心發展。」

如果今天一個助人工作者只能透過團體壓力來使觸法少年乖乖地就範，就意謂著他本身的輔導能力並不被觸法少年所接受，而觸法少年和助人工作者的心靈無法交流，輔導處遇自然無法正確地協助他們。

安置機構中的助人工作者勞動條件不佳雖是事實，但無論如何，要提醒的是，如果今天一個助人工作者只能透過團體壓力來輔導觸法少年，初期看來，或許暫時很有效，因為那確實像是特效藥，可以壓制反抗的力量。不過，那種方式是治標不治本的，沒有辦法從根本上解決問題，只是暫時將問題往後拖延而已，根本問題沒有解決，累積的問題就會愈來愈大、愈來愈多，猶如滾雪球一般，等到安置機構內的權力結構重新調整時，這種老鳥欺侮菜鳥、只往權力核心靠攏、不問是非的地下行規文化，就會不斷地重演。

我再也不想要有人因地下行規而受傷。林聰明的傷，我想，短時間內難以癒合。

記得一個生活輔導員曾自豪地對安置機構內的孩子們說：「現在你們玩的，以前我們早就玩過了，我們還玩過你們沒有玩過的呢，哪個我們沒有見識過啊？我風光的時候，你們還不知道在哪裡咧？」

我想，同樣與觸法少年有著類似生命經驗的生活輔導員，在教養觸法少年的態度上面確實有著一種「我早就見識過」的自負心態。

就拿處理林聰明的例子來說，生活輔導員試過所有知道的輔導方式，卻沒有辦法達到預期效果時，就很理所當然地去複製自己的成長經驗，直接授權給溫青霖，以老鳥帶菜鳥的方式，要溫青霖告訴林聰明什麼才是團體紀律，並訴諸於孩子之間的團體壓力──告訴安置機構內的孩子說，林聰明會向工作人員告狀，「抓耙子（告密者）」是地下行規中最被人唾棄的。這像是特效藥，效果快，屢試不爽，卻極有可能後患無窮。因為當權力結構重新調整之後，這樣的經驗會被重新複製，當年霸凌新進觸法少年的受害者就會轉變為加害者，再次世代循環，最後，形成安置機構內的特有文化。

請別忘了賦予助人工作者權力的初衷是為了要協助這群被社會遺棄的孩子，沒有任何一個孩子是自願來到這個體系的，處在權力結構不平等底層那端的孩子，無論失去的是自由、金錢，抑或是親情，自然而然地，都會向權力中心靠近，確保自己能受到權力核心者的照顧與保護，那都是再合理不過的生存模式，但這種最基本的需求，卻讓人心疼。

現今政府對於民間安置機構的人事費補助杯水車薪，資源亦相當不足，導致安置機構的助人工作者勞動條件相當不佳，所以除了專業人才無法久留造成斷層外，許多安置機構多有人力不足的狀況，也只能消極地接受不適任的工作人員，在維護專業理論以及實務工作中出現兩難，間接也造成默許安置機構內潛規則的文化。

有幾個問題值得我們深思：一是當我們握有權力時，是否同時也擴張了美其名為「保護」，實則為「權控」的自我貪戀現象？二是我們的關注眼神很容易落在眾人眼中表現八、九十分的孩子的身上，卻忽略了表現三、四十分的弱勢孩子，其實，那些弱勢的孩子更需要被照顧，他們即使很努力，卻始終很難像八、九十分的孩子一樣被重視；第三，若是褪去安置機構中權力不平等的外袍，又有多少曾經簇擁在身旁的孩子願意留下來？

因為權力的不對等，所以，我們要對處遇的權力如履薄冰，請別忘記，處遇的背後都是活生生的生命呀！權力會讓人上癮，且不可自拔，如果嘗試過了站在頂端的助人優越感，便會讓權力不對等更顯得理直氣壯。在這個類似小型社會的安置機構內，對於這些觸法少年而言，我們都是有權力的人，更必須時時刻刻謙卑自省，切記那些無謂的優越感幫不了這群孩子，反倒會使我們看不見孩子們的真正需求，那份優越感只是讓我們和孩子們的心漸行漸遠。在這般帶有權控色彩的輔導處遇中，我們都必須時時自省，是否擁有足夠的同理心與自省力。

在潛規則的背後

從那些非自願安置的觸法少年的角度來看，他們並未預期或接受被安置的事實，所以身心都處於壓力之下，卻又必須在高密度的安置環境中生活，自然會製造不少衝突與摩擦。就我的實務經驗中發現，受囿於法令而接受安置的觸法少年，除了承接壓力之外，在安置機構內的團體生活大都與其他少年的過往經驗大相逕庭，所以，他們在情緒中就會顯得躁動不安。

剛剛進入安置機構的少年，為了能使躁動不安的情緒盡快取得平衡，以便在團體生活中找到安全感與依附感，往往會藉由融入「小團體」營造出帶有兄弟情感的「類家人關係」；加上較資深、較有權勢，或與工作人員關係良好的其他觸法少年會被賦權帶領新進的觸法少年，如此一來，使得「大欺小」的霸凌行為合理化，牢不可破的地下行規於焉產生。若是被「大欺小」的觸法少年本身常常有偏差或挑戰規範的行為，更可能遭到教訓，而被賦權的少年卻因「管教有功」，而取得安置機構工作人員的信任。這種較強勢的觸法少年藉由「可以支配資源」、「取得工作人員信任」、「拉攏小團體」種種手段，逐漸形成團體的控制力。

實務經驗中，弱肉強食的結果讓弱勢的觸法少年，開始依附較強勢的觸法少年之後，較不容易出現對安置機構工作人員管教的反抗，卻錯誤的學習到，即使是被栽贓也得承認的團體生存之道。安置機構內較強勢的觸法少年對待弱勢的觸法少年在互動上有行為的支配權，甚至利用深夜動用私刑、栽贓陷害等等，苦無申訴管道的弱勢觸法少年只好選擇逃離安置機構，或拚命的想提高在團體中位階的偏差行為。地下行規的潛規則文化隨著安置機構內強勢觸法少年的離開、弱勢觸法少年的茁壯，不斷延續傳承，演變成觸法少年在安置輔導處遇時最可能遇到的難題。

安置機構資源不足的問題

安置機構內的工作人員必須長時間與觸法少年互動，所以，體力、心理上面的負荷極重。尤其生活輔導員必須長時間與觸法少年相處，其精神壓力相當沉重，若是再加上總有觸法少年刻意去挑釁安置機構內的規範，在無計可施的狀況下，生活輔導員確實很容易就會運用過往經驗中的「有效」方法，去處理觸法少年的問題。

其實與觸法少年有類似經驗的生活輔導員，在教養觸法少年的態度是自傲的，有一種「我早就見識過了」、「以前這樣處理很有效」的優越感，這也曝露安置機構內的支持督導體系、在職訓練不足的限制。最後造成工作人員各自為政，形成「只要別出大事就好」的被動心態。雖然目前少年福利機構大都依據內政部兒童局訂立之少年福利法規定設置專業人力，但專職人員大都為社會工作相關科系畢業之專業人員，具備調查了解個案背景、訪視、個案管理、資源聯結、心理輔導……等等專業能力，卻不一定具備犯罪預防以及矯正犯罪行為的專業知識。

觸法少年的安置教養工作，確實需要相當高的人力訓練成本，在資源不足的情況下，專業的發展自然處處受限。尤其在社會的普遍觀感中，資源應該傾向注入未曾觸犯法律以及沒有偏差行為的一般弱勢少年身上，相對地，許多人也會認為犯過錯的孩子並不值得同情，導致在民間資源上面造成了排擠效應。

在政府資源的支持中，司法單位只能在生活照顧與安置費用上予以補助，在承受營運成本的壓力下，民間的司法安置輔導機構對於輔導能力的提升自然力不從心，更遑論矯治觸法少年不當的價值觀以及提供良好的支持督導體系、在職訓練與薪資待遇，這些都造成專業延續上的斷層。

被踢來踢去的生命

林聰明是由社會處委託安置的。七歲起，他就被安置在一間育幼院，卻因為在育幼院期間，發生多次觸法行為以及逃離育幼院的情形，所以，輾轉透過社會處轉介，才安置到這裡來。我第一次看到林聰明是在少年觀護所內，那時他因為逃離育幼院且犯下竊案，被少年法庭當庭收容於少年觀護所內。

被收容期間，我多次往返兩地，去少年觀護所探視他。這個孩子特別讓我心疼，我想，如果當時我有更多的時間，我會願意多去探望陪伴他幾次，只希望現在他來到這裡之後，能知道我是真心想幫忙他的。

林聰明是我多年社工經驗中最讓我心疼的孩子，他看起來很機靈聰敏，外表清秀白淨，眼神清澈卻又帶著世故，如果不深入了解他的背景，會誤以為他應該是家世不錯人家的孩子。

我看了林聰明的觸法調查報告，上面顯示他已經有多次竊盜紀錄，次數多到已屬慣竊，他會以竊取的金錢來拉攏與建立自己的人際關係。對於育幼院的老師以及學校老師，他都曾因不禮貌而被處分，卻又對育幼院中有權力的孩子必恭必敬。

我又想起那雙清澈卻又帶著世故的眼神，那是十五歲的孩子該有的眼神嗎？我實在無法想像。

有別於自幼失親的育幼院，安置機構大都是法院裁定安置輔導，且安置期間只有兩年左右的孩子，所以，儘管大部分的孩子原生家庭功能不彰，支持系統卻是存在的，也就是說，大多數的孩子都是有親人的。孩子們被安置之後，可以重新開始沉澱雙方的關係，透過安置機構、社會處、法院，可以協助孩子們修復或重整家庭的功能，讓孩子們在安置輔導之後，能再順利返回家庭。

但總會有孩子在接受公部門委託安置開始，我們就知道他們是無家可歸的一群，心裡帶著傷痕進入安置體系，之後又得帶著傷痕將自己丟進社會中，林聰明就是其中的一個，所以，我特別心疼他。林聰明是我任職的安置機構中唯一沒有親屬資源的孩子，卻又因為他的觸法狀況，沒有育幼院肯再接受他的安置，將來，他所要面對的已經不是一群和他一樣沒有父母的孩子，而是會看著安置機構內其他觸法少年的親人一個個來電關心、來園關切，屆時，他該如何自處？想著、想著，就讓人揪心。

林聰明的父母是因為吸毒而認識的，在認識林聰明的爸爸之前，林聰明的媽媽已經有過兩段婚姻，生下林聰明時她仍是個有夫之婦。林聰明的爸爸租了一間簡陋的房間照顧著林聰明，林聰明的媽媽則因婆家住在南部，只能偷偷地在北部和南部之間往返探視孩子，然後，再與林聰明的爸爸在家吸食毒品。林聰明一歲多時，媽媽就因使用毒品過量而過世，後來，林聰明的爸爸也同樣因為毒品的關係進出監獄多次。

林聰明說他對於媽媽幾乎沒有印象，只記得聽別人說過媽媽是因為身體不好而過世的。至於他的爸爸，則是在他小時候經常對他施暴，三歲那年，他的爸爸因毒品案件以及傷害案件入獄服刑，此後，他就去堂姊家寄住。

親戚都對林聰明的父母敬而遠之，因為毒品以及犯罪紀錄拖垮了整個親族，也讓整個親族蒙羞，所以，親族都不願意和林聰明一家人有絲毫瓜葛。

堂姊說林聰明喜歡住在她家，因為林聰明的爸爸會亂打他，那種教訓方式是毫無理由的家暴，所以，林聰明一直很害怕，最後，在堂姊的央求下，伯父勉強答應在林聰明的爸爸入獄之後，承擔照顧他的責任。

堂姊說她也很心疼林聰明，所以那段期間，他們一起吃飯、一起睡覺、一起聊天，感覺像是一家人，那是林聰明最幸福的一段時光。

直到七歲那年，林聰明要進入國小就讀，才發現學籍與戶口的問題，加上他逐漸出現一些偏差行為，伴隨著他父母吸毒以及犯罪紀錄的夢魘不斷湧現，讓堂姊一家人不知所措。最後在家人的壓力下，堂姊不得不向社會處表示家中出現經濟和照顧上的困難，委託社會處幫忙安置他。

堂姊說她特別記得林聰明開始學會偷東西的事。有一次，她很生氣，因為她再怎麼苦口婆心勸導都無效，最後，她要求林聰明跪在佛堂懺悔一夜。堂姊一邊敘述、一邊啜泣，她說她很後悔當時對林聰明那麼嚴厲。

在社會處的協助下，終於找到一間可以安置林聰明的育幼機構，不過，他不斷吵鬧，說什麼都不願離開堂姊家，他一再保證以後一定會乖乖地聽話。

堂姊對他說：「未來的新家很大、很漂亮，現在的家太小了，家裡經濟出現問題，沒有辦法再照顧你了。」

林聰明天真地說：「沒有關係，我少吃一點，我保證不會吵也不鬧，更不會再造成堂姊的麻煩。」

一個月過去了，堂姊對林聰明說要帶他去外縣市玩，他開心得不得了，因為很難得能離開家裡去外地走走。堂姊買了林聰明最喜歡的麥當勞給他吃，後來堂姊直接牽著手拿速食的他去育幼機構的遊戲間，讓他在漂亮的遊戲間裡吃東西，吃完之後，堂姊已不見蹤影。接下來的日子，每晚他都在哭，就這樣，他整整哭了三個月。

隔了三個月，堂姊再去看他時，林聰明說堂姊欺騙他憤怒地跑開了。再隔了三個月，堂姊又去育幼院探望他。這一次，林聰明央求說不想繼續住在這兒，他想回家。堂姊無奈地說家裡沒有多餘的錢可以養活他，但他卻堅定地說可以幫忙工作賺錢來養活自己，只要能回家就好。那一年，他才七歲。

林聰明在育幼院一直住到十五歲，其間，他觸法不斷、頻頻違規，甚至於多次逃離育幼院，育幼院實在是疲於照顧。後來，他因竊案再被法院收容在少年觀護所三個月，之後，透過社會處轉介到這裡。

來這裡之前，我去少年觀護所看了林聰明幾次，他頗為健談，神情看不出絲毫的脆弱。開庭責付機構的那一天，我去法院接他，他的行李明明很多、很重，卻硬是不讓我幫忙。最後，在我的堅持下，好不容易，才幫他提行李，他的倔強個性可見一斑。

來到這兒不久，我主動聯絡他的堂姊，告訴她我也非常心疼被當做皮球踢來踢去的林聰明，我們聊著過往的片段，堂姊也不斷哭訴宣洩著，我想，或許這樣，能讓她禁錮多年的心靈稍稍得到解脫吧。

不同的生命，相同的命運？

「林聰明的生命，和我有什麼不一樣？」我問自己。「林聰明的生命，和你有什麼不一樣？」我也問過溫青霖。「究竟是有什麼不一樣呢？」問著溫青霖的同時，其實，我也是在問自己。

林聰明十多年來四面楚歌的處境，不由得讓我想起國中時期那個人際關係不佳的我，那時候的我，每天都期待著不必上課的日子，因為可以躲在屬於我的家、我的房間、我的角落，然後，父母總會在房門外擔心地詢問：「今天怎麼了？要先吃飯嗎？」我都只是隨口應一句：

「待會兒再吃。」當時心情差到幾乎失控大吼。

那麼，林聰明呢？情緒失控時，他可以盼到安置機構內工作人員的關愛嗎？他以竊取的物質資源來拉攏安置機構內的孩子，用以建立自己的人際網絡，不由得讓我想起溫青霖用乾哥哥每個月送來的零用錢來補貨買菸，建立自己的人際資源，這兩件事有什麼不一樣？我想起自己用心對待每個孩子，總期待孩子們的心能更為柔軟溫熱，這樣，我才能找到自己的工作價值。同樣的初衷，即便方法不同，我們卻都同樣期待能透過人際網絡找尋到自我價值，不是嗎？

學生時期的我，在團體生活中，曾經像溫青霖一樣風雲一時，卻也曾像林聰明一樣，無論如何努力都不受重視，甚至成了大家口中的怪人。

溫青霖說他可以幫忙生活輔導員「調整」林聰明這樣白目的孩子，以實踐安置機構內的正義，使用安置機構內的地下行規，可以保證林聰明不再惹是生非。

只是，所謂的正義是什麼？國中時期的我，不也曾高唱自己所認知的「正義」「幫助弱勢」嗎？最後，卻淪為被團體排擠的人。事後，我才知道若是得不到同儕認同，在團體中是不會受到重視的道理。所以，現在溫青霖所掌握的資源，已經足以建構起他所認為的正義了嗎？

我想，在不成文的規定中，能得到足夠的認同，應該就算是正義吧！

我想起自己那段不快樂的成長歲月，知道自己曾經在人際議題的處理上相當笨拙，卻只和大家一樣看到溫青霖的「高明」以及林聰明的「白目」，這樣的事實讓我心慌。其實，我們都只是同樣努力的在生活中找尋自我存在的價值而已。

「林聰明，如果你只是想偷東西，幹嘛分贓呢？東西到手了，自己享用，不是很好嗎，幹嘛拿東西巴結朋友呢？林聰明，你偷完東西，被發現之後，為何要央求廚房阿姨保密，怕被別人知道呢？如果你真如大家所說的白目，怎會在乎這些呢？林聰明，如果你真的只是欺善怕惡，又幹嘛答應我會慢慢地改變呢？我知道你總是怕做的壞事會傳到我的耳裡，怕一個口中說願意關心你、會重新接納你的人，會因你犯的錯而再度遠離你。林聰明，我是真心關心你的。但你一直是自己一個人，從幼年時期就不斷在一個又一個陌生的環境中跌跌撞撞地成長，如果可以，請試著相信我吧！」

專屬的愛？

不知是不是帶著內疚，溫青霖答應我會真心幫助林聰明，尤其是我不在安置機構的時候，他允諾我會更用心地引導林聰明回到正途。

我與溫青霖一起試著同理從小在育幼院長大的感覺，我對溫青霖訴說著我對林聰明的不捨、難過與心疼。接下來，我以自己的方式給林聰明安全感，溫青霖則以他的方式給林聰明在安置機構內的安全感，我們一起討論了初步的共識。

我請溫青霖多照顧林聰明、對林聰明多一點包容，溫青霖也爽快地答應了。溫青霖確實說到做到，無論是生活上的小細節抑或是排解人際糾紛，他都盡心盡力施予援手。

我承認自己確實對林聰明特別用心，但我已經顧不得大家的想法了。從小失去關愛的孩子，我想應該用更多的關愛來彌補。關於這一點，我非常堅持。

在我與溫青霖的積極協助下，林聰明在安置機構內逐漸建立起和善的人際關係，我們也都希望林聰明能重新找到安全感。同時，我們也一再提醒自己「如果林聰明再對我們不禮貌，

〈你不會是一個人〉

詞／曲：林劭宇

◆

天黑時刻為你點了一盞燈
是要你找到閃耀光亮那扇門
要你忘了過去所有的紛爭
看見希望未來就能不會再沉悶
日初時刻還是為你守著燈
是要你保有最美最原始的真
陪你走過荊棘困頓每一分
要你的路能夠一直走得穩
你不會是一個人
別再關上你心門
你受委屈落淚我會很心疼
每當你不在我身邊的時分
就算是炎熱夏季心會特別冷

你不再是一個人
給我全部的信任
當你受傷疲憊我會給你撐
就算是狂風暴雨我會陪你等
因為你不會再是一個人
你有我疼

你不再是一個人
讓我擦去你淚痕
不許誰再對你如此的殘忍
我已把保護你當是一種責任
永遠你都不會是一個人
因為我疼

仍要以溫和的方式對他曉以大義。」我們堅信林聰明一定能慢慢地調整心態。

溫青霖曾說他不喜歡林聰明的理由之一，是林聰明在人際互動中太過於功利現實，他一向不喜歡功利現實的人，因為那會挑戰他重義氣的核心理念。他說：「林聰明只知道向權力核心靠攏，我始終看不到他的真心。」

「那麼，溫青霖，你的真心呢？」我隨口問問。

沉默了半晌，溫青霖吐不出半個字來。

「我自己的真心呢？」我也嘟囔著。我想，我們不都是如此嗎？在人際互動中，不斷以自己的方式找到安全感以及自我價值，只是技巧上有高明拙劣之分罷了。

之後，溫青霖確實擔負起照顧林聰明的責任，譬如：晚上下班會順便帶一份宵夜給林聰明，林聰明與其他觸法少年起爭執，他會幫忙調解，林聰明想抽菸，他也會幫忙提供。

當我們都期待林聰明會慢慢地改變時，林聰明卻又開始仗勢欺人，愈來愈得寸進尺，就是所謂的「軟土深掘」，變本加厲地去挑釁安置機構內較為弱勢的孩子，想藉此樹立自己在安置機構內的權威。最後，幾個孩子看不過去，一起合力反擊。後來聽到幾個孩子轉述，他們說溫青霖曾對大家說：「因為林聰明從小在育幼院長大，像人球一樣被踢來踢去，非常沒有安全感，所以，我們應該多給林聰明一點時間。」聽到這番話，霎時，那些不滿的聲音嘎然而止。

「溫青霖，我為你的成熟懂事感到欣喜驕傲啊！你已經能試著去理解和包容別人了。」有一陣子，我很擔心溫青霖只是在做做樣子而已，不過，輾轉聽到他的這番話，我知道他的心已經逐漸柔軟溫熱了。

林聰明確實是個讓我心疼的孩子啊！試想，團體生活中，總是要趨炎附勢地向權力核心靠攏，那是多麼費心又費力的事！我只能設法花更多的時間陪伴他，讓他不再覺得自己總是孤單一個人。

林聰明在人際經營上是辛苦的，他仍在找尋屬於自己的定位和安全感。只是，逐漸與我建立起信任關係之後，卻又開始離間我與安置機構內其他孩子的關係。

突地，有個孩子跑來問我：「林老師，聽說你覺得我很白目，這是真的嗎？」

「你怎麼突然這樣問？」我驚詫地問道。

「林老師，那個不重要啦！重點是你真的覺得我很白目嗎？」

又有個孩子也來問我：「林老師，聽說我在開庭時會被收容，是你向法院建議的，真的是這樣嗎？」

「你怎麼會這樣問？你從哪裡聽來的？」我真的是丈二金剛摸不著頭緒了。

剎那間，我突然想到林聰明每每在挑釁安置機構內其他觸法少年之後，總會有好幾天跑來圍繞在我的身旁，對我大獻殷勤。我懂了！難怪那些孩子聽到流言蜚語都會如此深信不疑，進而動搖彼此之間的信任關係。

孩子們這樣說著：「每回林聰明挑釁他們之後，都會放話說林老師一定會罩他！林老師對大家的行為都非常生氣，一定會建議司法約束！」之後，大家也都親眼看著林聰明緊黏在我的身邊，因此，他們更是深信不疑。

唉！多麼讓人心疼又擔憂的林聰明啊！「當你體會到我對你的關心之後，那份關心就只能專屬於你一個人了嗎？你又順理成章利用我對你的關心而開始恣意妄為了嗎？」

國民教育？義務教育？

透過社會處，林聰明在安置機構已經三個月了，原本該是就讀國中三年級的年紀，至今仍找不到學校可以入學。翻閱他的調查報告，記載著之前國中多次竊盜以及和學校老師發生衝突的事情，四處惹是生非。過往的觸法紀錄，一路跟隨著他，教育處幫忙安置他的國中學籍卻屢屢碰壁。

有一天，溫青霖問我：「三個月過去了，林聰明怎麼還整天待在安置機構裡？林老師，林聰明就是因為在安置機構內無所事事，生活沒有重心，才容易鬧事。」關於這一點，我當然明白啊！沒有重心的生活容易讓人失衡，姑且不論學校能不能幫助林聰明在生活中多找到一點重心，都應該努力嘗試讓他盡快重返校園。

其間，我多方奔走，求助於社會處、教育處、法院，亦聯絡安置機構附近周圍的各個國中，卻都得到「學生人數已經滿額、無法入學」的答案。我忍不住向教育處的老師抱怨著：「拜託！現在是少子化時代耶！學校老師都快沒有學生教了，哪兒還有嫌學生太多的！」其實，大家都心知肚明，「學校招生額滿」是個合理化的藉口，事實上的理由是林聰明都國中三年級了，這階段的學生都在積極地準備升學考試，實在沒有理由也沒有意願讓總是在學校裡無端滋事的他入學。

好不容易，拜會多所學校之後，一個長期合作的輔導處老師願意先讓林聰明的學籍安排於該校，不過，是否能順利進入班級就讀，還需要再與全校三年級班導師溝通，重要的是必須先找到願意讓他入班的班導師。

「林督導，現在都已經五月了，距離畢業不到兩個月，你先讓林聰明待在安置機構就好了啊！到時候，我們還是會給他畢業證書。」學校老師這樣勸著我。

回到安置機構之後，我有點沮喪，一方面是對自己的無能為力感到挫折，另一方面是不知該如何向林聰明交代。

見到我回來，林聰明開心地詢問：「林老師，什麼時候可以上課？雖然以前我很不喜歡上課，但每天都待在安置機構好無聊喔！這裡的課程也不好玩，很希望可以去外面上課，我已經等好久了！」

我強打起精神回應著：「因為這裡的教育處比較特別，你也知道嘛！每個地方的規定都不一樣，學校當然也不一樣啦！所以，入學手續不會那麼快就辦下來。」

林聰明的笑靨瞬間收回，他冷冷地回答著：「林老師，我想，不是這裡的學校比較特別，應該是我比較特別吧！」言談間，他似乎有一種了然於心的清醒。

我的心泛著疼，甚至難過得不知如何是好。敏感如林聰明，早早發現自己的行為造成學校對他的不友善，當他感受到那樣的不友善，將來再跨進學校，又如何願意再對學校釋出善意呢？我知道或許這種曾經觸法的孩子都該為過往的不當行為負責，不過，沉澱之後，亟欲改變，卻在社會中處處碰壁，那樣的無助，可想而知。我想，只要我們不懂得如何去寬宥這些觸法的孩子，他們將永遠站在社會的對立面。

三天之後，學校輔導老師表明只能暫掛學籍，林聰明仍然無法入班就讀，我不得不搬出教育相關法規，協調教育處與學校的老師召開個案評估會議。與會的人士是教育處學管科的科員、教育處的社工、學校的校長，以及可能要「被迫」讓林聰明進入班級就讀的該校三年級班導師。

這麼多的教育專家齊聚一堂，只是為了討論一個孩子能否在國民義務教育的體制下入班就讀，看起來頗為諷刺！

我帶了些許期望，期望教育處與學校能從維護學生受教權的立場來協助林聰明，然而，各單位都婉轉地表達難處與無奈。與會的教育人員凝聚出共識：「法院裁定安置輔導的少年都是不良少年，回到校園，將會影響其他學生的受教權，特別是現在國中三年級學生都在準備升學考試，這個時候，讓這樣的不良少年入班，會更影響到原本班級學生的學習權益，也帶來負面影響，所以，最理想的做法就是先由安置機構或少年觀護所安排課程，讓他待在裡面，並由其協助課程安排以及未來的社會適應。」

在場許多教育工作者似乎曾在協助觸法少年的過程中屢戰屢敗，才會合理化地認為觸法少年待在安置機構內是最理想的狀態，尤其是過去林聰明在校園內的無端滋事紀錄。為了保護原本學生的受教權以及不受到負面影響，老師們作出這樣的決定實在是萬不得已。

雖然能深刻體會學校老師的苦衷，但我腦中仍浮現出林聰明落寞的神情，一股勇氣油然而生，我情緒激動地唸出一大堆教育相關法規：「教育基本法第三條：教育之實施，應本有教無類、因材施教之原則，以人文精神及科學方法，尊重人性價值，致力開發個人潛能，培養群性，協助個人追求自我實現。第四條：人民無分性別、年齡、能力、地域、族群、宗教信仰、政治理念、社經地位以及其他條件，接受教育之機會一律平等。對於原住民、身心障礙者以及其他弱勢族群之教育，應考慮其自主性以及特殊性，依法令予以特別保障，並扶助其發展。憲法第一五九條，國民受教育之機會，一律平等。兒少福利法、強迫入學條例……」

愈講愈激動，我已經分辨不出自己是為了幫林聰明爭取受教權益，或只是發洩幫他爭取應得的權益卻處處受挫的委屈。瞬間，現場的氣氛凝結至冰點。終於，我回過神來，明白將場面弄僵對他入學一事於事無補，強硬的方式只會讓學校與老師更加深對他既有的負面標籤，甚至於可能將不滿情緒直接發洩在他的身上，引發後續難以想像的衝突事件。

情緒平復之後，我改採悲情哀兵策略訴說林聰明的生命故事，也訴說著這陣子他的改變，更訴說了他生命中難以沉受之重。

我努力地說著：「雖然之前林聰明的就學狀況不好，不過，現在他真的改變很多了，你們大家能不能試著給他機會努力看看？如果之後再有狀況，我們可以一起想辦法來處理。」

「好吧！林聰明就來我的班級吧！」一位年輕的女老師突然激動地發聲。她說：「聽到林聰明自幼流離失所，我的鼻頭都酸了……」，那位女老師在學校已經代課三年了，因為少子化的衝擊，正式教師缺額短少，目前她還正在為了考取正式教師而努力。

既然有老師主動願意讓林聰明入班，學校方面也就不好再表示意見，教育處更是樂見其成，協調的結果是可以讓他先行入班就學，不過，由於擔憂他產生不適應的狀況，因此，一個星期暫時先到學校兩天即可，之後，逐漸遞增上課天數，倘使再發生觸法之事，必須立即暫停上學。

很慶幸地，入學兩個星期之後，由於班導師細心深入地了解林聰明的背景，特別關愛照顧他，也對他偶有的違規行為多加包容、耐心輔導，因而，他在學校適應良好，並沒有發生特別嚴重違規的情形。

總是扮演受害者

林聰明國中畢業之後，他的班導師仍持續至安置機構關心他。她說：「林聰明的身世很可憐，很多事情並不是他的錯。其實，他很善良也很體貼，我真的能感受到他的進步。」

儘管與林聰明相處不到兩個月，然而，在班導師眼中的他卻是獨一無二的，班導師給他前所未有的正面評價，那些評價與大家既定的認知，簡直判若兩人。

那一天，林聰明的班導師開車來到安置機構，拎著賣場買來的幾袋物資，說是幫林聰明採買準備的。班導師面露不捨地叮囑我要多多地關心林聰明，因為她終於考上離島國中的正式教師，沒有辦法再常常來看林聰明了。她說：「林聰明曾經哭著對我說，因為從小他住在育幼院與安置機構，從來沒有吃飽過，也沒有工作人員真正關心過他，更沒有零用錢可以花，甚至常常沒有早餐可以吃。」

因為林聰明這一番話，班導師就決定將他視如己出，自己孩子有的，他也會有一份。林聰明還特別拜託班導師，千萬別對安置機構說出他的委屈。

林聰明曾對班導師說：「我已經習慣這樣的生活了，我可以將自己照顧得很好，不想讓老師再為我操心。還有，如果老師告訴安置機構他說過的話，他很有可能會被處罰。」當時的他，一邊說出自己的委屈，一邊指著手肘某處的傷疤，說這道傷疤就是因為曾經說過安置機構這些事情，才被工作人員懲罰的。

班導師心疼不捨地敘說她與林聰明相處的點滴，並懇求我千萬別處罰他，因為她曾允諾林聰明會守口如瓶，而她也說了能同理安置機構在管理上的難處，並非想責怪安置機構，只是純粹想盡棉薄之力來協助這個可憐的孩子，偏偏現在即將分發到離島國中教書，無法再從旁關心他，又擔心他在安置機構總是三餐不繼，才不得不找人幫忙。

班導師說她永遠記得第一次拿零用錢給林聰明時，他那一臉滿足開心的模樣，彷彿掌握了全世界的幸福。班導師繼續說著：「我能理解社會福利機構的辛苦，也能同理團體生活一定有很多不得已的限制，所以，我只能盡自己一點點力量來幫忙林聰明，只希望能讓他更開心一些。」

聽到班導師這席話，我頓時不知所措。之前我總是聽到安置機構內的工作人員以及其他觸法少年抱怨著林聰明的負面行為，卻怎麼都難以想像他是如此言行不一致。旋即，我釐清了一些事情：為什麼林聰明有多餘的錢去買香菸，並且將香菸當做資源去支配安置機構內其他有菸癮的觸法少年？為什麼他總有許多零食與泡麵能去討好安置機構內強勢的觸法少年？開始上學之後，他開始有很多資源去建立自己的人際網絡，且在安置機構內藉由其他強勢的觸法少年，慢慢地提升自己的地位，再開始壓榨霸凌其他弱勢的少年。

對於這一切，我驚訝不已，只能帶著班導師到安置機構內的儲藏室，說明社福機構有政府與社會資源的支持，雖然硬軟體設備仍然缺乏，但鮮少有物資缺乏的情形，甚至於還有因捐贈物資太多而導致過期的情形發生，無論是生活用品抑或是零食、泡麵，每天都會發給安置機構內的觸法少年。之後，我再拿出每位觸法少年的零用金簽冊，向班導師解釋每位觸法少年每星期都有兩百元福利金，而外出上課或工作的觸法少年，每天都會額外增加五十元到一百元的零用金，因此，安置機構內孩子的物質基本需求是不虞匱乏的。早餐的部分，除了安置機構有固定準備的中式早餐或西式早餐之外，擔心念夜間部的孩子白天來不及起床吃早餐，也會另外準備麵包給他們吃，或是請他們拿安置機構發的外出零用金去買早餐。

看著眼前的一切，班導師錯愕且不可置信。剎那間，原先她對林聰明的關愛，也隨著這畢業季的鳳凰花瓣一片片凋零……。

失落地放下特地準備的零食、餅乾、衣服，班導師緩緩地駕車離去。望著她踽踽獨行的背影，我的心底也是一陣酸楚，卻忘了向她再次強調：「林聰明的過往經驗中，這是第一次得到這麼多的正面肯定，也是他第一次這麼穩定地上學。」

重回教育體制現場

觸法少年往往無法享有一般少年應有的受教權與福利，反而應該受的是「矯正」教育。身為少年保護社工，為了將來安置機構觸法少年在學校都能獲得友善的對待，往往得處於求助與妥協的劣勢地位，只希望學校都能由衷地接受安置機構內的孩子，而不是迫於法令，無奈地接受安置機構內的孩子入學。

一直以來，每當有國中年紀的孩子安置於機構，我都會先透過教育處安排，確定可以讓孩子入學的學校，再拜會學校輔導室，讓輔導室能先了解孩子的狀況；如果老師有疑慮，就召開入學評估會議，讓可能接觸孩子的老師都能知道如何協助這些找不到學習成就的孩子，逢年過節更是要送些禮物給願意接受安置機構孩子的老師，並告知聯絡方式以便於老師隨時能找到人幫忙處理，且能隨傳隨到，要讓老師知道儘管是安置機構內的孩子，支持體系仍然可能比一般家庭還強；孩子在學校出狀況時，老師不至於找不到救兵、孤立無援，大可放心地接受安置機構內的孩子入學；更有甚者，對於願意接納安置機構孩子的學校老師，在安置機構與社會處的聯繫會議上，提出記功、嘉獎的正面肯定，一切努力只是為了讓學校能樂意去接納安置機構內的孩子。

當前教育主管單位為了預防青少年的問題行為，相繼推動多項因應措施，一如朝陽方案、璞玉方案、春暉專案、認輔制度、自我傷害防治小組以及預防兒童少年犯罪方案等等。不過，就實務經驗來看，往往受限於各地區主管單位的經費以及編列單位，使得許多政策無法全面落實。其實，學校老師並非一開始就拒絕觸法少年入學的，而是擔憂觸法少年進入班級之後，造成的班級問題過於複雜棘手，除了要承受校方的壓力之外，也需要承受班級大多數學生家長的壓力，最後，老師只能選擇明哲保身，婉拒觸法少年入學。

在我的實務經驗中，學校的班導師大都是在挫敗經驗之後，選擇明哲保身，而學校的輔導室則常以人力資源不足，無法成為班導師的後盾，單單由班導師來處理觸法學生的問題，成效自然不彰。因為班導師必須帶領整個班級，不太適合在班級規範中給予觸法少年太多例外，不過，如果能透過學校建立的認輔制度，當觸法少年在班級發生問題時，由認輔老師即時協助，先陪伴觸法少年面對問題，並重新制訂他們能遵守的規範，等到他們逐漸遵守較為彈性的規範之後，班導師與認輔老師再同時協助觸法少年慢慢地培養遵守規範的能力，日後再漸進式調整以符合班級規範，如此一來，較能讓觸法少年在就學經驗中找到正向的動力。

由於已經擔任安置機構社工多年，以我的經驗，學校老師大都期待安置機構社工來幫忙規範觸法少年的在校行為，或是直接以單一價值觀來全盤否定他們，根深蒂固地認為他們仍是惡行不改的不良少年，也因此加深了他們復學的困難度。事實上，安置機構的社工不僅僅要負責安置機構內觸法少年的行為規範，亦要協助他們的心理輔導，更需要去幫忙爭取他們的社會福利，因為角色過於多元化，並不容易幫他們建立更深入的心理輔導，況且安置機構的社工費盡心力幫助他們改變觸法行為，爾後，卻又在復學過程中受到學校的誤解，以及一再被貼上負面標籤，使得他們再次受挫，輔導成效不僅可能功虧一簣，也可能造成將來他們難以融入社會的後果。

在此，我懇切地期盼不同單位的少年教育工作者，應該了解彼此角色的功能與限制，秉持合作的精神，才能有效降低觸法少年所衍生的社會問題。在人格發展的歷程中，青少年與學校互動的經驗至關重要，因為學校是他們學習社會化以及發展自我的關鍵場所，所以，良好的校園學習經驗，能使觸法少年願意持續發展正面的特質，才能順利返回社會，成為社會上有用的人。

中途思考

觸法少年的教育工作

觸法少年在教育體制內是個複雜的結構性問題，而非只是單純的個人問題而已。面對這個問題，或許有幾個思考方向，讓相關教育工作者思考：

（一）、學校課程具備更多彈性，能接受學習成就低落的學生：

面對學習成就低落的學生，老師應該以更大的彈性空間來思考學生的問題，一起找到解決的方法。

好比不斷干擾課堂秩序的學生，老師應教導遵守班級規範的重要性，若是仍在課堂中吵鬧，此時，老師能做出幾種處遇：其一，更嚴厲地斥責學生；其二，重新思考學生的問題，訂立出學生較可能達到標準的規範。或許還有更多處遇的方式，不過，老師都必須帶著善意來處理學生的問題，如果只是為了堅持固有教條與班級規範來管教學生，不斷上演惡質的師生互動，耗損師生關係，是非常可惜的。

（二）、教育工作團隊的資源運用：

現行的教育體制，如果學習成就特別低落且有身心障礙的學生，就能在學校課程的主要學習科目中獨立出來，轉至資源班就讀，到了一般學科時再回到原班級上課，著重於個別化教育。不過，這樣的學生，往往會被貼上「有問題」的負面標籤，且資格又必須從嚴認定，需要有相關證明，並非學習成就低的觸法少年都可以運用此項資源，而進入這樣的資源環境中，也擔心觸法少年會造成老師以及其他學生的壓力，這亦是實務經驗中常常碰到的難題。

就協調召開入學會議的例子，可以看到不同教育專家的介入，倘使可以再透過教育處社工協助轉介諮商資源，透過學校輔導老師建立認輔制度，以系統概念來推動觸法少年的學校輔導工作，成效想必更為顯著。

大家都需要關愛

我在安置機構中總有孩子跑來問我：「林老師，為什麼你對某某某總是特別好？」第一次聽到這個問題時，我有些啼笑皆非。我自認為對孩子們的關愛一向平等，不過，後來仔細想想，才發現安置機構內的孩子都是非常需要關愛的，我的一句話、一記眼神、一個舉措，他們都看在眼底、擱在心底。

「林老師，你為什麼對林聰明特別好？」對於他們的問話，我有時真的會難以招架。

回想起自己的童年，每天我要準備出門上學時，媽媽總會偷偷地喚我回來，然後，塞一瓶我最愛的可樂在我的小小掌心裡，她說她最愛我。每當我回想起那段時光，心裡面總是甜滋滋的。長大之後，有一次我和兩個妹妹閒聊，才發現原來當時媽媽也是那樣對她們說的。所以，對於那樣的提問，我的回答方式也會比較小心翼翼。

「我對你們大家都很好啊！你看，那天凌晨，你突然發高燒，我馬上帶著你去醫院掛急診。」我小心地回答著，然後，再舉了幾個正面例證。聽著、聽著，孩子們的嘴角都漾起一抹淺笑，之後，他們都心滿意足地離開辦公室。

突然，一個孩子又跑來問：「林老師，今天你沒有和你的弟弟在一起嗎？」

弟弟？我哪兒來的弟弟？喔！那孩子說的應該是溫青霖，有一陣子，我確實與溫青霖形影不離。

「對於我來說，你們大家都像是我的弟弟啊！」我仍然小心翼翼地應答，深怕一不小心就會破壞彼此之間的關係與情誼。

對於我的回答，孩子們也都沒有太多質疑。

曾經，有個才國小六年級的孩子，跑到我的身邊，他撒嬌討愛地追問：「林老師，以後你可不可以只疼愛我一個，只要有我這一個弟弟就好了呢？」

「我都將你們大家當做是自己的弟弟啊！你們每一個人，我都疼愛啊！」我避重就輕地說著。

「不行！你只能疼愛我一個，不可以疼愛其他人！」

「好、好！好……林老師最疼你了。」實在是難以招架，我隨口答應著。

孰料那個六年級的孩子開始炫耀嚷嚷著，「林老師只將我一個人當做是弟弟喔……」。

我趕緊追出去解釋，這次的失言風波才暫時平息。

接下來的幾個月裡，我仍不時聽到這類比較性的問題，「為什麼林老師對某某某特別好？為什麼林老師沒有帶某某某去哪兒……」。

我不厭其煩地繼續解釋著，「我都很關愛你們每一個人啊……。」過了一陣子，我開始思考著，孩子們發問的心情是什麼，理解之後，更是備感心酸。

我想，沒有任何一個孩子想在安置機構中度過他們的成長階段，每個孩子都想被看重，在桀驁不馴的假面之下，都深藏著一顆傷痕累累的心，期待重新被溫暖平復。

終於，我找到一個較為妥適的回答方式。如果只有一個孩子來追問，而他當下只想做那個唯一，我就會順著他的意思回答：「對、對、對！你就像是我的親弟弟一樣，我最關愛的就是你了！」不過，若是有其他孩子也在場，我就會回答：「你們大家都像是我的親弟弟啊！」

我問自己，真的會特別偏愛某幾個孩子嗎？原本理直氣壯地自認為對孩子們的關愛一向平等，後來，他們不斷提出比較性問題時，我真的無法坦然了……。

再問自己，如果發生同一件事，即使是不同的孩子，我都會不顧一切地爭取權利嗎？還是會偏愛某幾個孩子？

撇除社工專業倫理，我也是平凡人啊！當中牽涉太多的情感因素，我與孩子關係的好壞、孩子特質表現出來的外顯行為、孩子的背景、孩子討喜或投緣與否……等等。

最後，我選擇將問題丟還給孩子，也丟還給安置機構。現在，我承認自己確實對某幾個孩子特別關愛，不過，這背後有許多緣由，都是可以拿出來討論的。有些孩子，我常常帶他們外出，是因為他們根本沒有家人，沒有辦法享受到安置機構每個月一次家人陪同外出的福利；有些孩子，我會幫他們買價位稍稍高昂的物品，是因為沒有家人可以鼓勵他們，給予他們物質上的支持；年紀較小就進入司法體制的孩子，他們犯錯之後，我可能不會向法院聲請司法約束，只是予以口頭訓斥，因為這樣的孩子通常是十三、十四歲左右，或者是剛剛到機構安置不久，我會給予比較多的寬容；有些較不討喜、人緣很差的孩子，他們的行為舉措總是不適宜，我仍是溫和地教導，因為他們從來沒有被好好地教養，也從來沒有人願意試著走進他們的內心世界。

我任職的機構是中長期的司法轉向安置機構，安置的觸法少年年齡為十二歲至十八歲的男孩子，這意謂著許多孩子觸犯少年事件處理法之後，才被社會系統所關注，原生家庭功能大都不彰，但支持系統尚存，也就是說安置機構內的孩子大都在兩年安置輔導期滿之後就能順利返家。透過這兩年，被安置的觸法少年可以重新沉澱自我，調整人生腳步，原生家庭也能稍事喘息，重新正視思考親子之間的關係，並透過這段時間修復與提升家庭功能。

然而，總有少數孩子是自幼無父無母，更遑論家庭功能了，自幼即是在寄養家庭以及育幼院之類的社政安置系統中成長，往往又因寄養家庭以及育幼院無法承受孩子的觸法行為，而不得不將孩子轉介安置，或是因為孩子多次觸犯少年事件處理法，且觸法過於複雜，而必須離開原本的環境，不得不來到安置機構。這樣的孩子，總是特別讓我心疼，我總會不自覺地多花點心思與時間在他們的身上。

我的關愛公平嗎？我再一次問自己。

「孩子們，你們都如此需要被關愛，我想，你們需要的不止是專業的工作方法，更需要的是發自內心對你們的關懷，真心的關愛並無所謂的公平與否，很多時候，那都只是剎那間的心靈交流而已。」

反叛之後的冀望

安置機構內的觸法少年因自幼成長環境不利，造成其內在情感中缺乏安全與信任，而這樣的孩子對於自我存在的價值往往有很深的不確定感，為了填補內在心理需求的匱乏，證明自我存在的價值，外在行為的表現很容易發展出自卑的情緒，而想掌控或操弄外在情境中人際互動的關係。

安置機構內的觸法少年，自幼的成長經驗往往有很深的負面歷程，例如：林聰明、溫青霖、呂瑋隆等等，他們的人際應對方式，可能如同溫青霖，在團體中總是有著強勢的領導魅力，也可能如同林聰明欺善怕惡且擅長營造被害者形象，更可能如同呂瑋隆不斷引起紛爭想證明自己的存在價值。

我想為觸法少年辯護的是，他們這樣的舉措並非病態，而是這些孩子在行為發展過程中，為了生存所衍生出來的防衛機制，並沒有好壞之分，只是程度有所差異而已。

如果從這種脈絡去推論，那麼，我可以想見林聰明在人際關係的發展容易出現兩種困境：

其一，難以建立與他人深層的親密關係；其二，權力與位階爭奪的議題。因此，面對強勢的溫青霖時，林聰明容易出現順從討好的互動型態，而在與其他弱勢的觸法少年相處時，便可能轉換為欺善怕惡、難以教化的負面觀感。

他們的人際互動型態都只是過往生命經驗的延續，進而發展成往後待人處事的生存守則。如此過度社會化以及早熟世故的人際互動樣貌，如果不透過深層輔導，將來孩子的人格形塑就會出現更多的心理問題，例如暴力行為、情緒失控、反社會人格……等等。

從事少年輔導工作愈久，愈容易浮現聽天由命的念頭。身為助人工作者，在助人過程中，最主要的著力點只是盡可能地去提升觸法少年改變的動力和可能，也就是說，我所能做的，就是盡全部的力量去增強觸法少年改變的可能性，只是，觸法少年能否改變，決定權仍是在他們的手裡，畢竟那些問題都不是一、兩天造成的，自然也就不容易在一、兩天內就解決。

我們能做的就是和這群孩子一起努力找到對未來的希望，發展出屬於他們原有的自主性和獨特性，重建他們的自信心。

我想說的是，無論如何，我都對這些孩子有著很深的冀望，期盼這群迷惘少年的心能更柔軟溫熱。我想，那樣的改變，都只是開端而非結束，因為孩子們的人生路才正要開始！

不是結束而是開始

一年半的安置期間，在安置機構內工作人員口中的溫青霖是個模範少年，在學校則是師長口中的好學生，且在班上名列前茅。溫青霖說他已經有信心能面對自己、面對外來環境的誘惑與挑戰。一年多來，他覺得自己煥然一新，並在安置機構內信奉了上帝、受洗成為基督徒，更在信仰中找到內在的力量。儘管午夜夢迴，他仍常常夢見昔日吸食毒品的快感，偶爾也會出現幻覺，但他仍努力的想忘卻那段不堪且荒唐的過往。

對於溫青霖的坦然面對，我感到非常欣慰。從生理上來說，只要戒除毒品，毒癮發作的症狀過去之後，不適的感覺就會逐漸褪去；從心理層面來說，那反而是一輩子要與自我奮戰的功課。溫青霖的心路歷程分享，說得懇切坦然，只是，他的眼神總透露著過去那段無法拋卻的傷慟。

安置輔導期間，溫青霖在各方面的表現都是受到肯定的，法院與安置機構討論之後，決定幫他聲請免除安置輔導，讓他可以提前離開安置機構。他說，八月份提出免除安置的聲請之後，離開了安置機構，他希望能繼續住在這兒的學校宿舍完成學業，因為他怕一離開安置機構，回到原生環境，會有比較不好的誘惑，他只希望未來的日子能更簡單一點。

對於溫青霖戒慎認真地看待自己的未來，有著自省的能力，我真的覺得很驕傲。這孩子已經長大了，他已經可以認真地面對自己。他努力地嘗試褪去安置機構觸法少年的標籤，因為被了解而深受感動，因為受到肯定而產生自我價值，這都是人的本能。

八月份，溫青霖的免除裁定公文順利下來了，也就是說，按照計畫，他能離開安置機構，重新展開新生活。我為他感到讚賞，也為他喝采，這是值得慶祝紀念的日子。

那一天，溫青霖的觀護人到了，社會處社工也到了，大夥兒忙著幫他採買將來住進校舍的生活用品。從這學期開始，他不必再接受安置機構定期的驗尿檢測，也不必定期向法院報告每個月的狀況，更不必有任何司法約束。

我想像著，從今天起，溫青霖會像以前的我一樣，盡情享受青春的美好，開始嶄新的高中生活；我想像著，從今天起，或許他會像我一樣多愁善感，為了探索生命的意義而煩惱；我想像著，從今天起，或許他會像我一樣在象牙塔裡衝撞，為了追求真理而在妥協與衝突之間迷惘；我想像著，從今天起，或許他會為了某個心儀的對象而憂愁，逐步踏上苦澀卻又甜美的青春歲月。

在佈滿離情的鳳凰花中迎向九月份的開學季，溫青霖真的離開安置機構了，他踏上嶄新的人生旅程，而我仍是安置機構內的少年保護社工，每天固定奔波於法院以及社會處之間，為了幫助孩子們重返校園而努力著。

「溫青霖也像我這樣努力吧！」想著、想著，我的嘴角揚起笑容，臉上多了些許驕傲。

天生愛自由？

九月的天氣仍然燠熱，熾熱的豔陽總能重新燃起我的工作熱情，我拎著一杯冰沙去學校探視溫青霖，想給他一個意外的驚喜，孰料教官說開學註冊之後，他就一直請假，沒有來過學校了，因為當時他已經結束安置，所以，是他的乾哥哥協助到校辦理註冊，學校老師總覺得他與安置機構已經沒有關係了，便不好意思再聯絡安置機構。教官說之後持續聯繫他時，才知道免除安置輔導之後，他早已準備重返原生環境。

〈天生愛自由〉

詞／曲：林劭宇

◆

多少傷心傷悲傷痕累累　還是不後退
誰知我只是狼狽無路可退
多少痛苦痛恨痛心疾首　我不能後悔
誰知我是天生註定就有罪

用淚水點綴　寂寞和幸福相依偎
誰都別來安慰　我能夠自我麻醉
不願放開你的手　只是天生愛自由
心顫抖　淚在流　瘋狂到覆水難收
就算路沒有盡頭　我是天生愛自由
放開手　讓我走　不回頭

當夜暮低垂　紅顏會有幾許憔悴
虛偽加乘心碎　愛與恨之間輪迴
不願放開你的手　只是天生愛自由
心顫抖　淚在流　瘋狂到覆水難收
就算路沒有盡頭　我是天生愛自由
放開手　讓我走　不回頭
放開手　讓我走　會自由

後來，我在安置機構其他孩子口中得知那都是預謀性的計畫，透過孩子們口述的溫青霖，與我所知道的溫青霖截然不同。

我不願再多想，也不願再揣測，接下來的幾天，鎮日渾渾噩噩，我覺得吸入的每一口空氣都像在調侃。

過了幾個月，網路以及電視播出了一則新聞：

砍人、砸店三千！高二生組黑幫賺外快

高中生不但自組幫派，還幫酒店圍事、暴力討債。台北市一名高二學生，以每次圍事三千元的代價，吸收同學或學弟當做小弟，靠著圍事與暴力討債來賺錢，還拿刀將人砍成重傷。消息傳回學校，讓師長們很訝異，因為該生在校表現正常，根本察覺不出異樣。

十幾名少年闖進店內，朝著被害人猛力揮拳，桌椅四散，隔板還被打出一個大洞，帶頭的人就是拿著棒球棍的溫姓高中生。北市警少年隊偵查組汪組長：「找一些未成年的少年，聚集起來，幾乎是與溫姓少年同夥的。」

個性衝動，喜歡逞兇鬥狠，讓溫姓少年在學校成了帶頭的大哥，吸收學弟、同學當做幫眾，自成一股地方勢力，還學電影的古惑仔，幫酒店圍事賺錢，碰上公祭場合，還會像大哥一樣，隨身帶著小弟。不少人害怕他的惡勢力，致使他愈來愈囂張，甚至於拿刀將人砍成重傷。

記者：「你專門找未成年的嗎？這樣傷害人，不會良心不安嗎？」溫姓主嫌：「……」

學校主任：「他在學校狀況很好，出席正常，在學校表現非常好，今天才聽到消息的，所以，我很訝異。」

老師眼中的好學生，私底下卻是打架、鬥毆樣樣來，靠著圍事討債或跑腿，就能賺取每次兩、三千元的收入，讓溫姓高中生食髓知味，還組成幫派，成為治安隱憂。

那是溫青霖！一名在安置機構內與溫青霖熟稔的孩子，看到新聞報導之後，趕快跑來向我報告。

幾天之後，我忍不住北上，後來，在看守所內與溫青霖見了面。

時間像是凝結在瞬間，彷彿，我們都回到當年初識之時。但眼前這個少年已經十九歲了，眉清目秀的他，給人的第一眼印象是安靜羞赧、純真乖巧，現在則是多了一份成熟穩重。

想起他曾對我說過的種種，一切還歷歷在目。我們倆曾經一起去圖書館找書、一起去看電影、一起細數生命中的傷痕，甚至於一起同理與協助安置機構內其他需要幫助的孩子。

溫青霖，請別忘記你曾經如此讓人喝采、讚賞，以及感到驕傲。

這幾年的社工經驗，無法發生什麼事情，我都沒有掉過淚，只是，現在看到眼前的溫青霖，我突然有種無能為力的感覺，讓我再也負荷不了，眼淚傾瀉而出。那一次，是我最後一次見到溫青霖。

溫青霖的父親酗酒賭博、母親早逝、原生家庭功能不彰，國小六年級開始出現偏差行為，國中時更開始放棄自己。我想，那樣的生命傷痕，是需要更多時間才能撫平的。進入安置機構之前，他曾被法院收容於少年觀護所多次。十七歲進入安置機構，一年半的安置輔導，他的行為表現非常良好。

一個天縱英明卻與主流社會格格不入的孩子，他曾經試著融入主流社會，卻找不到成就感以及存在價值，所以，他選擇回去最熟悉的黑幫，以他感到最自在的方式來成就自己，最後，既矛盾又掙扎地踏上那條唯一讓他覺得有安全感的路。

我不想也不願對他流露出任何質疑的眼神與情緒，我知道那種再次被否定的委屈，隨時可能融成雪球，愈滾愈大，直到將那孩子永遠壓垮。

結束安置

——安置與安頓的對話，雙方尋找下一個生命出口

「一切已經結束了嗎？」我不斷地問自己。

早已忘了外面滂沱大雨，直到雨滴順著髮梢滑落在臉龐，我才稍微回過神來。那瞬間，我眼前的世界湊近又拉遠，突然，整個畫面好像都被錯置，天與地交換了位置，所有的事物都顛倒了。

黑與白、善與惡，一切變得那麼模糊。顛倒是非、翻轉對錯，不過是一線之隔。安置輔導是什麼？社會規範又是什麼？

第一次見到溫青霖，他十七歲，那年是我做社工的第二年，也是他流浪在街頭的第二年。猶記得那是個春天，天氣出奇的好，天藍得像被水洗過一樣，微風中夾著花香，透人心脾。

最後一次見到溫青霖，他不過十九歲而已，鐵窗外的天空仍然很藍。

溫青霖交保之後，輾轉聽說他在故鄉的黑幫混得很不錯，做事很有魄力，手下已經將近有一百個，大家都說他很敢衝、是號厲害人物。然而，我所認識的溫青霖，卻是很貼心、很善良、很懂事、做事很有分寸的孩子。

望著滂沱大雨，想著、想著，突然覺得嘴角鹹鹹的，已經分不清臉上是淚還是雨了……

轉彎處需要更多的包容

陪伴觸法少年的工作，每一步都走得很不容易。

好幾次，我認真地問自己：「這樣做，對嗎？那樣做，好嗎？」

我發現，如果我帶著對觸法少年的期待在工作、如果我沒有時時提醒自己，我一定會忍不住對著眼前的孩子大吼：「你應該為自己的行為負起責任！我為你付出那麼多，你為什麼不懂得珍惜？」然後，生氣、指責，很理所當然地認為那是教導和關心。最後，如果我的付出一直沒有和回饋成正比，我會自怨自艾地放棄當初所有的熱情和理想，對沒有辦法達到我的期待以及不斷有反抗行為的少年忽視冷落，直到他主動向我妥協。

「我對孩子的關愛，何時已經變成一種武器了？只要不如我所願，便要收回我對於孩子的關愛……」，好幾次，我都曾經浮現這樣的念頭。

曾幾何時，我也快變成拿著孩子最需要的東西當做武器來揮舞的劊子手？

當大人與孩子發生碰撞和衝突時，我一直堅持的信念是大人要有更多的責任，展現出更多的度量與智慧，來引領彼此的關係，並試著向前邁進，所以，陪伴觸法少年的工作，每一步都走得很不容易。

做社工的這幾年，我有很多感觸，常常帶著各式各樣的傷痕離開辦公室，再因自我期許以及理念的堅持而重回辦公室，希望穿透晦暗的表面，進入孩子的深層生命，真正看到他們的痛苦與掙扎。表面上看到的大都是孩子的反抗行為，就要不斷地提醒自己別忽略那些反抗行為的背後，其根源都是來自於恐懼與脆弱；好幾次，孩子們當面向我挑戰，理直氣壯地說著似是而非的價值觀，我就得不斷提醒自己應該客觀地拋開普羅大眾的價值觀，試著貼近孩子們的價值觀，並等待價值觀翻轉的時機。

這幾年，我與孩子們一樣在受傷、療癒的過程中來來回回。好多孩子是帶著破碎的心靈進入安置機構，我也一樣帶著受傷的心情離開這兒。好幾次，因為信任孩子而受傷，付出相信、關心、包容、期盼，得到的卻是犯錯與背叛。我真的受傷了！孩子們一次又一次提出保證，一次又一次說會反省，最後，卻是讓相信他們會改變的我，一次又一次的失望。

好幾次，我對孩子們嘆氣，對社工的工作感到沮喪，質疑自己傾力付出卻只換來一場空，當中經歷了許多衝突與矛盾。體系規範與自我工作價值觀的衝突，想法與做法上的矛盾，常常覺得自己已經無法再有期待。同時，我也懷疑自己的能力，以及選擇社工這條路的意義，對於繼續做社工與否感到遲疑。

一路走來，在這跌跌撞撞的過程中，好不容易找到成就感和自我價值，才驚覺孩子們和我一樣也在摸索、尋找著。他們努力重新展開新生命，期待讓我、教育工作者、整個社會都能認同和了解，希望可以擺脫底層邊緣的生活，只是，那並非易事，所以，挫敗之後，只能以最熟悉的方法去做更激烈的反抗，為了證明自我的價值，於是，不斷觸法，最終，被社會慢慢地孤立，再慢慢地毀滅。

原來，孩子們與我同樣退卻無力，不同的價值觀，確實很難讓雙方都被充分地理解。安置輔導期間，我能給孩子的真的很有限，他們有太多成長中累積的包袱必須與社會主流價值碰撞，他們要釐清一切的時間勢必比安置輔導期間還要漫長。

我想，孩子們依然會在安置機構違規、在學校出錯、在職場上和老闆發生衝突，種種的不適應，彼此仍像平行線的兩端，依舊沒有交集，不過，如果一方試著轉彎，我想，另一方就不會再是對立的那一邊，或許，反抗行為還是會一直出現，但我們可以一起努力，不要再讓任何一方傷痕累累。

不同的生命經驗如何重疊

能在安置機構內成為輔導觸法少年的工作者，好比學校老師、法院觀護人、社工……等等，從小到大，大都是班級幹部或是品學兼優的學生，或者是一路以好學生形象長大的乖乖牌。然而，現今社會資訊爆炸，特別是那些自幼在社會底層成長的孩子，早已從各式各樣的管道中取得種種似是而非的資訊，這些資訊往往又超出教育工作者的生命經驗以及學識範疇，兩者之間產生的代溝自然無法避免。

我必須說，在台灣，從事助人工作者的生活背景與這群觸法孩子的生活背景，天差地遠，這群孩子也希望助人工作者以及整個社會可以認同他們，然而，卻是只有少之又少的助人工作者能走進他們的生命。有熱情的助人工作者，往往受限於專業倫理，而無法充分施展所學，卻又在突破種種框限之後，因孩子們的表現不如預期而澆熄了熱情。舉例來說：觸法少年的世界裡，有著太多似是而非卻又難以否定的價值觀，那是自幼生命經驗的累積以及自我保護的堅硬外殼，與接受主流價值觀成長的助人工作者相遇，自然會有不少衝突，這絕對不是用同理或關懷就可以突破的藩籬。

這幾年來，我為了孩子們去法院召開過無數次個案研討會議，也為了孩子們能去學校就讀召開了無數次的入學評估會議，有時為了孩子們進入職場而與廠商進行無數次的媒合磋商，當中碰到不少有輔導理念以及有熱情的人，但孩子們總因一次又一次的無法適應，以及不斷發生反抗行為，讓這些願意施予援手的人無力退卻、搖頭嘆息。

一年半來，在輔導溫青霖的過程裡，我曾經努力地走進他的內心世界、同理他的生命歷程，只是，無論我如何努力理解，都無法改變我們生命中各自有其獨特性的事實。我能做的，就是如同他國小高年級的班導師何老師一般，成為能看見且同理他內心的人。

一路上，我遇過許許多多願意幫助像溫青霖這樣孩子的人，然而，許多好不容易被導正價值觀的孩子，最後，卻未必能符合期待，再次被推落至社會底層的深淵。助人工作者總是容易帶著許多期待去支撐其工作上的價值，或倚靠這種成就感來延續助人工作的意義，那種期待一旦被背叛，很可能立刻站到孩子們的對立面，與眾人一同譴責唾棄孩子，甚至變本加厲的將他們邪惡化、污名化，傷害了生命尚未成熟的孩子，更傷害了自己。

其實，助人工作很像是園丁，栽種不僅勞心勞力，收成更需要長久的等待。我一直深信，無論是什麼種類的種子，只要園丁不放棄、好好地栽培，等待時機成熟，種子必能發芽、開花、結果。每個孩子的狀況都不同，需要的時間也不同，輔導觸法少年本來就不是一件容易的工作，我一直很感謝願意為這群孩子付出的夥伴們，看著這些讓人頭疼的孩子，或許到最後，很多人仍是搖頭嘆息，覺得徒勞無功，殊不知孩子們也因灌溉滋養而正期待著自己能有發芽茁壯的一天，即便那樣的改變並非顯而易見，未必皆能如願地開花結果，但如果能讓他們持續接受滋養灌溉而不凋零腐敗，其實，那就很值得了！

我的人生改變了多少

新聞報導偶爾會看到貧困學生努力苦讀而改變人生，或是某位企業家雖然是貧困出身，卻透過努力而成功的實例，我曾經用過那些例證來勉勵孩子們，但我深知真正成功的例子猶如鳳毛麟角，更多的是「階級複製與世襲傳承」，而台灣社會的貧富差距愈來愈大，社會階

《超越》

詞：何老師／曲：林劭宇

◆

迎向世界的朝陽　跑在太陽的前方
舉起心中的火把　點燃想像的希望
突破自我的侷限　現在就正要啟航
新的眼光新的想法　我的生命從此不一樣
廣闊天地何等地大　踏著步伐高聲地唱
你我都有珍貴的寶藏　我們一同經歷去成長　啊
迎向世界的朝陽　跑在太陽的前方
舉起心中的火把　點燃想像的希望
突破自我的侷限　現在就正要啟航
新的眼光新的想法　我的生命從此不一樣
廣闊天地何等地大　踏著步伐高聲地唱
你我都有珍貴的寶藏　我們一同經歷去成長　啊
前路雖然有困難阻礙　我們永不放棄去開創
你我未來沒有終點　YES WE CAN GO ON

級也總是不斷複製、不斷世襲。

以前我在安親班從事課輔教師時，發現能上補習班的大都是家境優渥的孩子，只有極少數孩子是來自藍領階級的家庭。雖然父母親不想讓孩子輸在起跑點上，省吃儉用送孩子去補習。但家境寬裕的孩子，成績表現總是較為優秀，後來也都很有成就。這是為什麼呢？究其原因，出身富裕家庭的人擁有更多資源，通常也有更多資訊，只要他們能善用資源和資訊，成就自然比一般人來得優秀。

從事少年保護社工的幾年裡，我的人生觀改變了很多，以前自己求學以及從事課輔教師時總是不斷強調「如何讓自己出類拔萃」，不過，這幾年看了這麼多在社會底層跌跌撞撞的孩子，我發現整個社會資源嚴重分配不均，以結果論來斷定孩子們的成就是極其不公平的。

我想，我們真正該在意的是人生努力的過程——對於人生是否認真經營，行為是否能勇於負責，夢想能否勇敢追求——我們的人生價值絕對不是來自於世俗的評價。生命中的每次挫敗、每道傷痕，都是一種成長蛻變的過程。我們應該嘗試著超越自己，結果並不重要，奮鬥的過程才更有意義。

未來的社工之路

安置機構內的觸法少年都稱呼我「林老師」，擔任社工督導一職多年。

我的家庭環境非常普通，父母健在，我是家中長子，下面有兩個妹妹。國中開始，為了賺取自己的零用錢而至雞排店打工，高中課餘也曾到超市賣過水果、在餐廳端過盤子，因為想多賺點零用錢，加上對於課業總提不起太多熱情與興趣，所以，課業表現一直是中等，在同儕之間並不特別突出。經歷了一段渾渾噩噩的求學歲月之後，為了不想造成家中的經濟負擔，大學就讀假日進修學士班，又因自幼喜歡閱讀武俠小說，為了能實現心中的正義感，選擇了與助人相關的科系。大學期間，白天去安親班擔任課輔教師，除了穩定的薪水之外，也開始正式的助人實務工作，充實地度過四年的大學時光，然後，考取研究所，順利進入安置機構，擔任少年保護社工。

溫青霖，他的父親沉溺於賭博，母親自殺。國小六年級開始，他就流連在外，因為敢拚、敢衝，而被黑幫老大倚重；國中開始，他就愈走愈偏了。十五歲那年，開始在街頭的闖蕩歲月，讓他在道上闖出了名聲，黑幫老大看重他、小弟信服他。後來，被最信任的兄弟出賣背叛而被逮捕，他向法官表示想改過自新，法官考量他尚年幼，同意予以裁定安置輔導。

至於林聰明，他的父親在他三歲那年因毒品入獄服刑，同時間，母親因吸毒過量而去世，後來，他開始寄住在堂姊家。七歲那年，因堂姊一家人無力照顧而由社會處委託安置在育幼院，那是他第一次被遺棄；十五歲那年，因在育幼院觸法成性，育幼院無力輔導協助，再由社會處轉介至另一間機構安置，那是他第二次被遺棄。一次又一次的遺棄，讓他不再相信任何人，覺得所有情感聯結都是虛幻不實的，認為只有掌握在手裡的東西才最真實。他開始追求名牌、喜歡別人對他投以羨慕的眼光，於是，他不斷行竊，因為這些物質才是他能真實擁有的。

呂瑋隆，非婚生子女，根本不知親生母親是誰，小時候只記得父親會一直虐打他。國中時，他開始蹺家，三天兩頭寄居於朋友家中。第一次帶女朋友回家，女朋友卻被父親性侵，因為自責無法保護女朋友，而離開原生環境。之後，因為犯案的關係，被安置於少年中途之家，不久，地方法院以祕密證人身分傳喚他去法院協助指認父親性侵案件，他渾身顫抖地向檢察官表示拒絕作證，因為即使那人再壞，也還是他的親生父親。除了父親之外，年邁的阿嬤是他唯一的親人，女朋友的性侵案開庭之前，阿嬤就告誡呂瑋隆，如果父親因他而被判有罪，她也不再認他這個孫子了。他不懂，明明是父親犯錯，為何阿嬤卻要這般要脅他？

我、溫青霖、林聰明、呂瑋隆，以及許許多多觸法的孩子，原本皆處於不同的時空、背景，因不同的原因而在安置機構相遇、交會、分離……這些獨特的生命歷程，都曾經讓我迷惘、心慌，無所適從，直到慢慢地塵埃落定。

我從茫然懵懂到成為一個專業的助人工作者，影響著因不同理由而信任我的孩子，並從他們的生命中學習成長。我曾因對專業倫理與界限的迷惘而深感困惑，也曾因強烈的利他主義而犧牲孩子的成長機會。

時時刻刻，我都提醒著自己與觸法少年建立關係時，必須卸下社工專業的權控角色，學習並使用他們的語彙，同理並運用他們的邏輯去思考，應用揭露自己的生命經驗，讓他們卸下心防，以坦誠的真心向他們作出承諾，期待能真正貼近並感受他們的心情，也嘗試卸下助人的專業眼光，以全新的視角重新看待每個生命。我想，只要他們有所成長，就是進步。助人過程中，只有加分，不再扣分，能在正向的助人關係中看待彼此，尊重每一個獨特的特質，或許，就能逐漸讓他們感受到社會的友善。

助人工作是一份偉大的志業，也是一份需要時時自省的專業工作，每當看著那群孩子，就同時提醒自己對於每次處遇的謹慎以對，並時時檢視自己，保持科學性的思維以及批判性的思考，讓自己在助人工作歷程中能符合專業要求。

安置輔導，只是一個階段性任務而已，至於人生要面對的問題，才正要開始……

抹不掉的傷痕

觸法少年的生命經驗大都有難以承受的傷痕，在外顯行為的表現上，往往只能看到他們放蕩不羈、桀驁不馴的表象，在社會體制中被嚴重排斥的他們，內心的脆弱無助卻鮮為人知，最後，在難以融入社會的狀況下，被定型為讓人退避三舍的不良份子，社會形成對立，進而造成更多反社會的觸法問題。

結束安置輔導之後，受到安置機構、法院、學校各方面的正面肯定，進而向法院申請免除安置，結束司法約束，得以正式擺脫觸法標籤，開始社會化生活的少年們，若缺乏正向情感聯結的對象，特別是在返回原生環境時，很容易因接觸的同儕、環境等等負向拉力，而功虧一簣。這更加凸顯安置輔導以及追蹤輔導的重要性。

對於觸法少年較為積極的協助對策，應該是協助他們建立良性的溝通以及合作機制，使他們重新找到希望，也更有動力去調整自己的行為，適應轉換之後的環境，才能完全脫離過去懵懂的生活。然而，現行的狀況卻是結束安置輔導之後，倘若原安置機構社工想追蹤輔導，大都因地域性而受到限制，民間單位在資源上亦相當不足，只能仰賴和孩子們關係聯結薄弱的戶籍地所屬社政單位予以協助，成效自然不彰。

而觸法少年在原生環境中，主觀與客觀的問題不易改變，由司法介入協助安置輔導之後，若是無人能經常親近他們，以開放的態度持續與他們建立正向關係，在被整體社會排斥的情形下，他們極容易產生嚴重的自卑感，加上與普羅大眾的生活差距過大，自然會產生強大的壓迫感，在重重打擊之下，最後回到原點。

因此，社會化體制的「正常家庭」、「正常學生」、「正常社區」……等等的正常生活模式，都是觸法少年被迫重返觸法生涯的主因，在熟悉的環境中，他們更容易獲得激賞與重視，那些反而是情感上面的正增強，是現在社會體制所無法提供的，致使觸法少年寧可繼續沉淪而無法自拔。

生存與被愛，原是人類的基本需求，孩子會出問題，大都是因為這兩種需求無法獲得滿足。這些原本是由家庭提供的基本需求，不過，當原生家庭功能不彰，無法供應這些需求時，孩子們只好向外宣洩情緒，出現種種偏差行為。

實務經驗中，可以看到整個社會對於累犯的觸法少年大都不友善，除了社會價值中對觸法少年的負面標籤與烙印之外，原本許多有心想協助觸法少年的教育工作者以及社會大眾，往往也因輔導時間不夠或者是受挫經驗太多而退卻。當觸法少年鼓起勇氣，幡然悔悟，卻在嘗試改變的過程中屢屢受挫，找不到正向經驗，因而再次回到當初觸法的原生環境中，甚而更強烈地反抗社會規範，用以平復自己被社會傷害的痛。

另外，社會體制中，觸法少年與社會規範處於對立面，若是社會體制不願對觸法少年釋出善意，雙方即可能不斷產生衝突，甚至於再次延續觸法行為。雖然被迫接受保護性的安置輔導，短暫得到正向契機，但安置輔導結束之後，不得不被迫再一次縱身跳入犯罪淵藪中。

陪你走一段路：溫青霖，你好嗎？

擔任社工很容易因觸法少年的正向改變而雀躍，卻又因觸法少年的負向改變，而情緒低落，對於觸法少年的輔導工作已深植於社工的生活、信念、價值觀中，深深地期待著受助者能改過遷善。

助人過程中，社工會不斷自我覺察，不斷提醒自己調整助人的方法，也時時提醒自我檢視助人工作的每個處遇，更謹慎且更用心地看待生命的每個轉變。另一方面，雙方生命交會過程中，能讓社工與觸法少年窺見彼此的異同之處，透過生命經驗的交流影響，有時彼此能呈現全新思維，有時彼此卻仍會固執己見、劍拔弩張。

無論選擇何種方法，在這樣的經驗中，雙方的生命歷程都會有許多交會、碰撞、省思，進而正向思考，尊重每個生命的價值。即便社工曾在助人工作過程中多次質疑自己是否適任，卻也多次從助人工作中找到自我價值，最後，堅信著儘管一時的處遇沒有達到預期的輔導成效，卻仍然肯定觸法少年的努力，並相信下一次能讓觸法少年的生命再次翻轉。

但如果跳脫社工的角色，重新看待自己，能更深信在安置輔導處遇之後，每個觸法少年都會選擇一條全新的人生道路，持續前進？還是仍然會跌跌撞撞，選擇回到過去？但如論如何，所有的經歷都將是日後彼此成長的養分。安置輔導之後，觸法少年的生命故事還沒有結束，對我的影響也還在增長，雖然只能陪他們走一小段人生的道路而已，但這些過程都將成為我持續努力的能量。

等你陪我看日出

進入黑幫，在整體社會價值觀中是一種罪惡，只因原生家庭功能不彰，出身社會底層的觸法少年便背負著生命的原罪。其實，這些少年要求的不多，原本可能只是為了溫飽而犯下竊案，也可能只是想從黑幫處找到一點歸屬感，天真的以為黑幫就是他們的家，然後，期望著有自尊、期望著被認同，而犯下更多觸法行為，一路上跌跌撞撞、愈陷愈深，最後，逐漸

《掙脫》

詞：何老師／曲：林劭宇

◆

不要站在你的世界對我說教
不要給我做不到的承諾
我只希望有人貼近我身旁　對我微笑聽我說
好想脫離嗑藥藏匿打鬥搶奪　拋開面具下的枷鎖
不堪回首兄弟路　怎能一錯再錯
身上盤踞的青龍　猙獰的骷髏
那是僅有自我保護的顏色
別嘲笑我懦弱　別標籤我生活
明天的我　是否能重新來過

被黑幫蠶食鯨吞，從此迷失方向與自我。想徹底從黑幫中掙脫是很困難的，因為好不容易建立起的自尊和自我，不知該如何放下？

黑幫的生存法則就是以原始野性的本能，敢拚敢衝不斷往上爬，喚醒野性之後，在罪惡的深淵裡，什麼都不在乎了，甚至連傷害別人也不會有罪惡感，行為舉措狂放不羈，內心卻是黑暗隱晦。

該怎麼解決觸法少年的問題呢？是否有讓觸法少年脫離黑幫回歸社會正軌的辦法呢？我必須誠實地說，從事觸法少年保護社工的這幾年，我常常力不從心，在整體社會的洪流巨浪下，我更顯得渺小，內心一片焦灼。

曾經有個來安置機構實習的社工系學生，在團督時，他與我分享實習的感想，他說來這兒實習兩個月，他覺得很難過，他是真誠的想投入，最後，卻因為認清觸法少年的本質，對人性失望透頂。

是的，這些受傷的孩子，並不如想像中那般惹人憐愛。太早來臨的磨難，迫使他們在內心築起高牆、長出棘刺，經常親手毀掉即將到手的幸福。

這些年來，我依然深信人性本善。初見溫青霖時，即便他是刻意討好，但我相信除了不想被裁定感化教育才爭取安置輔導的心機之外，一定也有努力自新的決心。與溫青霖相處的日子裡，好的、壞的，我們都一起經歷。他刻意在我面前表現出好的一面，讓我曾為他感到驕傲；他也曾因在安置機構內表現得不符合我的期待，而對我愧疚過。如果他不是在乎珍惜，又怎能被我的情緒影響左右呢？

至今我仍難以忘懷在輾轉得知溫青霖上了社會版新聞之後，我那種不可置信以及急於求證的心情，強自壓抑內心的不安，幾天之後我迅速北上，在看守所內見到了他，回程途中，心有所感地寫下〈天生愛自由〉這首歌，我試著同理他沉重的生命包袱，以及走回正途過程中的掙扎，也深信他勢必不願意放開每雙曾經幫助過、相信他的人的手。

〈天生愛自由〉這首歌是我給他下的註解，身為曾經協助過他的社工督導，我不想也不願承認他是這社會上所說的壞孩子，我並非刻意為他辯護，只是想提供另外一個視野去理解這樣的生命。我想，孤獨無助的生命，要在熟悉的天空中，才能自由地舒展飛翔吧！

去看守所探望的那一次，是我最後一次見到溫青霖。眼前的他，益發成熟穩重，然而，我的腦海浮現的，淨是他被父親漠視、被學校老師冷落、流浪街頭時被黑幫老大倚重、安置輔導時被大家讚賞的種種畫面。真希望一切就此停格，彷彿不太想接受他離開安置機構卻再次觸法的事實，對他以及對我而言，這都太殘酷了！

突地，想起溫青霖曾對我說過的，幾次做案之後，由於利益衝突，被最信任的兄弟出賣背叛，而進入少年觀護所，收容了好幾個月。那一次的挫敗，讓他有了覺悟，願意嘗試安置輔導，甚至於在安置輔導期間表現卓越，得以申請提早免除安置。

現在想起來，挫敗何嘗不正是觸法少年的生命轉機呢？我相信，只要這個社會多幾個人願意付出關心，去同理這樣境遇的孩子，他們的生命就能多一份可以改變的契機。

改變是需要挫敗和覺醒的，我想，如果當時溫青霖沒有被最信任的兄弟背叛出賣，沒有因為被逮捕而進入少年觀護所，他也不會給自己安置輔導的沉澱機會，或許至今仍抱著僥倖的心態，荒誕地沉淪於犯罪行為中。現在的他，看似又回到從前，但我深信一定會有下一次的轉機，讓他可以再次沉澱，再給自己一次機會。

殘酷的現實會讓生命更有厚度，現在的溫青霖看似觸法不斷，不過，請別忘記，在安置輔導的一年半裡，他曾為了徹頭徹尾改變自己，而那麼盡心盡力地努力過……

附錄

1 觸法少年與非行少年

本書中指的「觸法少年」又稱為「非行少年」。「非行」是指違反法律與社會道德的非社會化行為。國內學者對觸法行為的概念與少年偏差行為的概念大致符合，而法律將少年「偏差行為」的概念界定為類似於少年犯罪，除了違反刑事法規的行為以外，亦包括了少年虞犯（林佳範，二〇〇二）。

本書所指「觸法少年」，係根據少年事件處理法第二條，為十二歲以上未滿十八歲者。而觸法行為係根據少年事件處理法第三條，有下列事件者由少年法院處理之（法務部，二〇〇八）：一、少年有觸犯刑罰法律之行為者；二、少年有下列情形之一，依其性格以及環境，而有觸犯刑罰法律之虞者：（一）、經常與有犯罪習性之人交往者。（二）、經常出入少年不當進入之場所者。（三）、經常逃學或逃家者。（四）、參加不良組織者。（五）、無正當理由經常攜帶刀械者。（六）、吸食或施打煙毒或麻醉藥品以外之迷幻物品者。（七）、有預備犯罪或犯罪未遂，而為法所不罰之行為者。

本書中所指稱之「觸法少年」為符合上述年紀，且符合少年事件處理法第三條之依據；另外，本書中所指的「少年觀護所」是司法單位中裁定或判決尚未確定之前的短期收容機關，如法院認為觸法少年「不能責付或責付不適當而需要收容時」，即命少年收容於少年觀護所，法院藉以讓少年暫時收容安置於特定封閉場所而加以保護，避免觸法少年逃跑、串證、滅證，或在外受害以及濡染惡習，得以更進一步了解觸法少年的身心狀況以及調查其觸法原因，以做為矯正輔導觸法少年的品德行為，所為之限制身體自由之強制處分（少事法二十六條第二款）。

2 少年事件處理法的司法處遇

「少年事件處理法」在一九九七年全面修正之後，為了使觸法少年能盡早從司法體制回歸社會與家庭，除了在一九九五年導入帶有社會福利色彩的「安置輔導」處遇之外，也在少年事件處理法中引進日本少年法制的設計，將原本僅僅具有司法監督色彩的觀護人再細分為「少年調查官」與「少年保護官」。

「少年調查官」的工作為調查、蒐集有關於少年觸法事件之相關資料；「少年保護官」的工作為觸法少年司法處遇的後續執行，包括假日生活輔導、保護管束、勞動服務、安置輔導處遇……等等（何明晃，二〇〇九）。

實務經驗中，觸法少年案件移送法院之後，觀護人即會細緻化地去了解觸法少年的身心狀況以及相關資料，以建議法院做出符合少年利益的處分，故在安置輔導的處遇中，亦是由觀護人協助聯結社會福利機構以及居中統合觸法少年所需要之資源，並藉由社會福利系統的輸出，給予傳統司法體制系統刺激，以達到藉由導入社福色彩的處遇，讓觸法少年能盡早從司法體制回歸社會以及家庭。

國內法令中，根據「少年事件處理法」第四二條之規定，對於觸法少年的司法處遇，在處分的選擇上，並沒有輕重之分，考量重點端視適當與否。由於每種處分的性質與執行方式皆不同，所以，對於觸犯同種罪名的幾位少年，法院會針對少年的個別需求以及行為狀況，做出不同的處分裁定。以下依序簡述各種處分內容（法務部，二〇〇八）：

一、訓誡，並得予以假日生活輔導。訓誡，由法官執行，於一定期日通知少年以及法定代理人到場，法官當庭向少年指明其行為不當之處，告知法律後果，曉諭應遵守之事項，並訓勉少年不要再犯。

假日生活輔導，少年於例假日到法院進行三至十次之輔導，由觀護人執行或交由適當之機構或個人執行，透過個別或群體品德教育，輔導其學業或其他作業，並得命其從事勞動服務，使其養成勤勉的習慣以及守法精神；其次數視輔導成效而定，少年無正當理由拒絕接受訓誡或假日生活輔導，法院得核發勸導書，勸導無效者，得裁定留置少年於少年觀護所，予以五日以內之觀察。

二、保護管束，並得命其從事勞動服務。保護管束是不施以監禁處分，以長期輔導而期待改善觸法少年之偏差行為，又為避免淪為自由刑之處分，故交由專人或機關團體，消極監督其遵守法院指定之事項，積極輔導其重新適應社會生活的一種社會性處遇。

保護管束由觀護人或交由適當之機構或個人執行，執行時除告知少年應遵守事項之外，並與之常保接觸，注意其行動，隨時加以指導，並就少年之教養、醫治疾病、謀求職業以及改善環境，予以相當輔導，執行期間不得超過三年或少年屆滿二十一歲、執行已逾六月而有成效，認無繼續之必要或因事實上原因不繼續執行為宜者，得聲請免除執行。勞動服務為三小時以上、五十小時以下。

少年在保護管束期間違反應遵守事項，不服從勸導達兩次以上，而有觀察必要者，法院得裁定留置少年於少年觀護所，予以五日以內之觀察。若違反上述應遵守事項，情節重大，或曾受上開留置觀察之後，再違反應遵守事項，足以認為保護管束難收效果者，觀護人得向法院聲請裁定撤銷保護管束，將所餘之執行期間另入感化處所，施以感化教育。

三、安置輔導：交付安置於適當之福利或教養機構輔導，對於家庭功能不健全或為避免少年有犯罪標籤化之虞，使少年在福利機構健全成長，以符合保護優先主義之特色。

安置輔導為兩個月以上、兩年以下。執行已逾兩個月，著有成效，認為無繼續執行之必要者，或有事實上原因，不繼續執行為宜者，安置機構、少年、少年之法定代理人……等等，得檢具事證，聲請法院免除其執行。如果認為有繼續安置輔導之必要者，得聲請法院裁定延長，其延長期間不得逾兩年。

少年在安置輔導期間違反應遵守之事項，情節重大或曾受第五五條之三留置觀察處分之後，再違反應遵守之事項，足認安置難收效果者，得聲請法院裁定撤銷安置輔導，將所餘之執行期間，另入感化處所，施以感化教育。

四、感化教育：少年輔育院依法執行感化教育處分，其目的在矯正少年不良習性，使其悔過自新，授予生活智能，俾能自謀生計；並按其實際需要，實施補習教育，得有繼續求學機會。

感化教育之執行，其期間不得逾三年。少年執行已逾六月，認無繼續執行之必要者，得由觀護人或執行機關檢具事證，聲請法院免除或停止其執行。少年或少年之法定代理人認定感化教育之執行有前項情形時，得請求觀護人為前項之聲請。停止感化教育之執行者，所餘之執行期間，應由法院裁定交付保護管束

五、其他附屬之處分：（一）、禁戒：少年染有煙毒或吸用麻藥、迷幻物品成癮或有酗酒習慣者，令入相當處所實施禁戒。（二）、治療：少年身體或精神狀態顯有缺陷者，令入相當處所實施治療。

「少年保護社工」和「觸法少年」，透過上述少年事件處理法中「安置輔導」處分的裁定，會在「少年中途之家」相遇。值得一提的是，自一九九五年少年事件處理法增訂「安置輔導」處分以來，民間社會福利團體參與觸法少年安置輔導者不乏少數，從下表一由司法院

自二〇〇一年至二〇一四年統計各少年法庭依少年事件處理法裁定安置輔導之處分的裁定情形，可見安置輔導處分已成為少年事件處理法中主要的一項處遇措施。

西元（時間）	地方法院少年暨兒童以及保護事件審理終結情形——裁定安置輔導處分近十年歷年人數統計
2001 年	162 人
2002 年	189 人
2003 年	174 人
2004 年	141 人
2005 年	159 人
2006 年	168 人
2007 年	149 人
2008 年	146 人
2009 年	170 人
2010 年	194 人
2011 年	155 人
2012 年	151 人
2013 年	161 人
2014 年	193 人
平均人數	165 人

資料來源：司法院，二〇一五年

3 安置輔導與安置機構

本書所指「少年中途之家」，在法令上的正式名稱為「安置機構」，而「安置輔導」是少年事件處理法中一項處分觸法少年的處遇方式。法院會依據上述所列少年事件處理法第三條條例，將觸法少年裁定安置輔導處分的主要原因，一是觸法少年的原生家庭功能不彰，無法協助觸法少年解決生活上的問題；其次是觸法少年的觸法或偏差行為較嚴重，卻又不至於嚴重到需要監禁式的處罰，只需要建立觸法少年結構化的生活，並透過結構化的生活模式，學習遵守生活規範，藉以協助觸法少年逐漸回歸社會。

法令同時也針對安置機構處遇，以滿足安置對象「發展需求」以及「增強其家庭功能」為原則。處遇原則為下表二。

綜合來看，社福機構安置輔導處遇的性質為一種居住式的社區處遇，相較於拘禁處遇，其所蘊含的即是「去機構化」的處遇精神（李自強，二〇〇一）。具體言之，就是透過篩選機制讓犯行輕微的少年，在拘禁隔離社會處遇（少年觀護所、感化教育或少年矯正教育）之外，由社會福利機構協助安置輔導，並透過上述帶有社會福利色彩的處遇服務，讓少年能盡早從司法體制中回歸社會以及家庭。

一、生活照顧：	給予安置院童二十四小時全天候日常的生活照顧。
二、心理以及行為輔導：	對於心理創傷的安置院童給予心理諮商或治療，並對有偏差行為問題的院童施予行為導正之輔導。
三、就學以及課業輔導：	依照院童之年齡與心智發展，施予適齡教育或特殊教育，並協助孩子適應學校學習；對於有學習障礙的院童，則加強其個別課業之輔導。
四、衛生保健：	對安置院童身心靈的健康照護與均衡飲食營養之提供。
五、衛教指導以及兩性教育：	教導院童衛生常識與養成良好衛生習慣，並教導兩性平權、互相尊重、自我保護之概念。
六、休閒活動輔導：	培養院童健康休閒生活能力，以及藝術人文之陶冶。
七、就業輔導：	協助院童生涯規畫，依其性向培養專長，並對離院院童輔導就業。
八、親職教育以及返家準備：	協助院童家庭關係重建，培養院童獨立自主能力，俾便院童早日返家。
九、獨立生活技巧養成以及分離準備：	培養院童生活自理能力、人際溝通能力、情緒處理能力、問題解決能力，以及離院的分離焦慮處理、資源聯結或轉介……等等。
十、追蹤輔導：	對離院的院童給予至少一年的追蹤輔導，並提供必要之協助。
十一、其他必要之服務：	依照院童之個別需求，提供特殊之照顧與服務。尤其目前兒少安置機構所安置的保護個案，大多數是帶著身心的創傷或問題行為，安置機構必須提供心理諮商或行為輔導……等等特殊性的照顧服務，已成為安置機構的共同照顧模式。

資料來源：內政部兒童局，二〇〇四年

4 安置機構工作人員的分工與少年保護社工

安置機構內的中主要專業人員，除了主管安置機構全部業務的主任之外，會直接接觸安置少年的工作人員就是「生活輔導員」，以及協助聯結社會網絡資源與了解觸法少年內在感受的「社工人員」。社工人員以及生活輔導員的工作職掌各有不同，兩者合作關係的協調與否，更是安置輔導處遇能否奏效的重要關鍵。

下表三是基於實務經驗而整理出「社工人員」與「生活輔導員」的工作執掌：

由上表可知，除了工作職掌不同之外，社工人員與生活輔導員在實務的經驗認知中存在的差異更大，若是合作密切度以及信任感不夠，恐導致雙方難以相輔相成。另一方面，張碧琴（二〇〇一）、林瑜珍（二〇〇三）皆表示，生活輔導員與社工人員的角色分工，在安置機構中最常遭遇的困擾是如何取得工作團隊的共識，以建立標準化的工作模式，安置機構式的群體生活難免需要規範管理，而生活輔導員的工作職掌往往較為偏向管理者的角色，也多半含有權威與執行獎懲的性質，另外，社工人員所扮演個案管理者角色則含有最後決策者的性質，安置機構常以「黑臉」、「白臉」來區隔兩種功能。誰該扮演黑臉、誰又該扮演白臉，

社工人員掌理下列事項：	生活輔導員掌理下列事項：
一、關於觸法少年個案資料調查、蒐集事項。	一、關於觸法少年生活之指導。
二、關於觸法少年之社會環境調查事項。	二、關於觸法少年課業之指導。
三、關於觸法少年之心理狀況事項。	三、關於觸法少年就業之指導。
四、關於觸法少年之處遇分析、研究以及行為矯治事項。	四、關於觸法少年習藝之指導。
五、關於觸法少年之觀察輔導報告以及個案紀錄書寫事項。	五、關於觸法少年康樂活動之指導。
六、關於觸法少年免除或停止執行輔導之事證檢具以及司法處遇事項。	六、觸法少年生活言行、紀律之管理與督導。
七、關於觸法少年之團體活動規劃、目標擬定、執行……等等事項。	七、個案資料之建議與諮詢。
八、關於觸法少年及其家庭成員之親職維繫事項。	八、關於觸法少年接見、發受書信以及攜入物品之處理。
九、關於觸法少年就學、就業、生理調適、心理調適，保護以及其他一般諮詢、諮商服務之處理事項。	九、關於觸法少年同行護送以及紀律之執行事項。
十、關於非本安置機構服務範圍內問題之轉介事項。	十、關於觸法少年生活照顧一切事項。

資料來源：作者依據實務經驗整理而成，二〇一四年

不僅造成安置機構內專業人力間的衝突，也使得觸法少年利用兩者之間的縫隙產生操控或混淆。

安置機構中，李懿庭（二〇〇八）探討工作人員面對有學習困難的觸法少年的處遇歷程，歸納分析安置機構工作人員對觸法少年的處遇策略。在研究中發現，安置機構的生活輔導員與社工人員這兩種專業人員對於學習困難的觸法少年處遇策略有所落差，也少了相輔相成的力量。針對安置機構內的主要照顧者所採取的教養方式與觸法少年的依附關係，曾麗吟（二〇〇九）做了量化研究，研究發現，若是主要照顧者採取「否定」或「忽略」的教養方式，觸法少年與主要照顧者的依附關係將更疏離。依其多年從事安置輔導實務的工作經驗，莊文芳（二〇〇四）則指出，社工人員與生活輔導員選擇角色的分配時，不僅受到專業背景、人格特質、角色認同、權責畫分、機構支持程度、個案的評價與回饋……等等因素影響之外，亦顯現兩者在專業角色上有所區別的窘境，更反映出兩種不同專業價值體系對於處遇上的角力。

最後，潘美玲（二〇〇三）藉由不幸少女的安置機構中，發現社工人員與生活輔導員角色對處遇模式的影響，社工人員可以從系統適應的模式中，幫助觸法少年有結構、有系統地適應社會生活；而生活輔導員則是透過非結構、隨機的居家生活方式，協助觸法少年身心靈全方位成長。若是這兩個角色的處遇模式能相輔相成、互補不足，將可使觸法少年在助人關係與類似的親職關係上同時獲得滿足。

從上述研究中得知，安置機構內的社工人員與生活輔導員，由於專業領域以及工作職掌的不同，會以不同的角度來檢視觸法少年的問題，相較於含有管理權威與執行團體規範性質的生活輔導員，社工人員能有較多機會看到觸法少年的獨特性以及不同需求，因此，會有不同的處遇策略。不過，如果雙方都堅持自己的處遇，而忽略與專業間的溝通合作關係，除了違反專業倫理之外，也會造成觸法少年在角色認同上難以找到依附感，也無所適從，進而損害觸法少年的權益。

觸法少年犯罪矯治工作中，社工強調必須先了解觸法少年的需求，才能開始進行處遇，並將觸法少年視為適應不良者，而非違規者，所以，在處遇觀點上，不同於司法體系的處罰觀點，也不同於教育體系的教育觀點，而是希望做為觸法少年與所處環境間的協調者（顧英蕙，二〇〇二）。國內實證研究部分，亦有潘美玲（二〇〇三）、林瑜珍（二〇〇三）、卓雅苹（二〇〇四）、王筱盈（二〇〇六）、王嘉瑜（二〇一一）分別從安置機構的研究訪談中，歸納安置機構中「社工」的角色以及功能，如下表四。

綜合上表可知，安置輔導處遇中，社工角色相當多元化，除了具有整合安置機構對安置少年服務理念的系統性之外，亦有溝通協調以及提升安置機構服務品質的功能。單就「社工」的角色功能而言，可歸納出下列兩個面向：其一，社工是個案管理者，具有輔導、教育、資源聯結……等等功能，且由於是安置機構的資源聯結者以及專業角色上的建立，在安置機構的處遇中享有較多的主控權（詹前柏，二〇一一）；其二，社工角色，亦師亦友，具有關懷、陪伴、支持以及親職……等等功能。就安置機構而言，「社工」的角色為整合協調者，具有整合安置機構對個案教養理念的系統性、提升安置機構服務品質的功能。不過，卓雅苹（二〇〇四）的研究也明白指出，現行實務的難題是安置機構的人力不足，每個安置機構未必有專職社工，且易因工作人員離職率高，而造成專業銜接的斷層。

另一方面，許多安置機構中的生活輔導員，大都以非專業背景者居多，導致專業認知上較為不足，若再加上二十四小時輪班以及與觸法少年高密度互動等等因素，安置機構的社工往往必須同時承擔多種角色，例如：必須扮演原本該做的社工，同時要從事生活輔導員的工作，還需要扮演家人、朋友、權威管理者……等等角色（林瑜珍，二〇〇三），便無法扮演

社工的角色	社工的功能
一、林瑜珍（2003）： 配合不同輔導技巧，社工扮演多重的角色：如父母的親子關係、老師的亦師亦友關係、訓導的生活管理員、個案輔導員。 二、卓雅苹（2004）： 1、個案管理者。 2、亦師亦友的角色。 3、整合協調者。 三、王筱盌（2006）： 1、父母角色。 2、朋友角色。 3、教師角色。 四、王嘉瑜（2011）： 1、父母角色。 2、朋友角色。 3、資源引入與協調角色。 4、教導角色。	一、潘美玲（2003）： 1、合作性的功能：包含訊息傳播者、協調者、統合評估者。 2、服務性的功能：包含服務提供者、生活輔導者、諮商者、治療者。 3、倡導性的功能：資源爭取者。 4、友誼性的功能：包含支持者、陪伴者、同伴或朋友、哥哥或姊姊。 5、親職性的功能：父母角色的陪伴。 二、林瑜珍（2003）： 1、輔導與教育的功能。 2、關懷與陪伴的功能。 3、安排學習與生活作息的功能。 4、規範團體秩序的功能。 5、決定獎懲的功能。 三、卓雅苹（2004）： 1、個案管理者：具有輔導、教育、資源聯結……等等功能。 2、社工角色，亦師亦友，具有關懷、陪伴、支持以及親職……等等功能。 3、就機構而言，安置機構「社工」的角色為整合協調者，具有整合機構對個案教養理念的系統性、提升機構服務品質的功能。 四、王筱盌（2006）： 1、可替代性不同角色的功能。 2、陪伴性角色的功能。 3、引導以及教育性角色的功能。 4、協調性角色的功能。 五、王嘉瑜（2011）： 1、扮演父母角色：即是家庭照顧的功能，且尤重母職，對案主提供生活上的照顧以及關心。 2、朋友角色：是一個比較平等輕鬆的互動方式。 3、資源引入與協調角色：給予相關的資源訊息，扮演體系之間的協調溝通訊息聯結……等等角色功能，以化解安置體系間的誤解，減少環境對兒童以及少年的負面影響，進而聯結與外在環境的互動。 4、教導角色：社工因職務上所需要擔負的責任，教導性口吻提醒兒童以及少年某些事情或規範，以避免犯錯或是重蹈覆轍，也針對兒少的行為問題提供正確的觀念與適當的訊息以及行為可能產生的後果。

資料來源：作者依據實務經驗及文獻整理而成，二〇一四年

猶如觸法少年希望的單純的親人與朋友的角色。余瑞長（二〇〇三）在研究中指出，觸法少年與照顧者的互動具有依附關係，觸法少年希望照顧者能像親人與朋友一樣，不過，實際上，大部分的觸法少年認為照顧者像是學校老師一般指導與管理他們。研究中指出，若是身兼管理者與輔導者兩個角色，此多重角色對於安置輔導處遇中的社工而言，不但矛盾、辛苦，且較無工作成效，因此，嘗試一段時間之後，社工會選擇「專業」的輔導角色，並協議生活輔導員擔任管理者的角色（王明仁、孫海珊，一九九九）。

介入處遇觸法少年時，安置機構的社工常因角色多元或個人價值觀與專業價值觀的衝突，導致自身落入尊重「個體自主權」或「群體規範」的倫理兩難，對於不同法源、不同特質的觸法少年，亦需要訂立不同安置輔導處遇策略，來面對不同個案的輔導需求。由上可知，介入安置輔導處遇過程中，安置機構的社工面對觸法少年多元問題以及需求，除了共同管理議題之外，因應觸法少年之多元問題，更需要提供個別性的輔導處遇。

5 少年中途之家

本書所指的「少年中途之家」為獨立安置少年為主的安置機構，該機構勇於承擔社會責任，在人力聘用上鼓勵更生成功的更生人進入該機構擔任「生活輔導員」，期待更生人藉由更生成功的生命經驗輔導觸法少年。該機構與國內其他兒少安置機構相較更令人敬佩，同時這也是專業人力的聘用上較為特殊之處。

擔任社工期間，我期待安置機構內的觸法少年能在懵懂未知的人生岔路上，重新找尋他們的方向，並內化為正向歷程，故於任職機構期間，在安置機構全體工作人員的努力以及協助下達到共識，期待能採取有別於國內專收觸法少年為主的機構「權控管理」的處遇模式，大家能一起積極維護觸法少年表現自我獨特性的權益，希望透過「生命影響生命」的互動過程，使觸法少年能發現自我價值，並藉由與觸法少年建立信任和支持，適時調整處遇方法以及適時回饋，讓觸法少年能感受到被重視以及自我覺察的能力。安置機構也不止是以方便管理的「團體規範」為優先考量而已，而是尊重不同特質的觸法少年，予以個別化處遇，希冀安置機構能落實「去機構化」以及「去圍牆化」的「替代性家庭功能」，提升觸法少年對安置機構的歸屬感，此為該安置機構與國內同為專收司法處分為主的機構在教養風格上之不同。

這些年，我看著許多觸法少年來來去去，經由司法處遇裁定安置輔導於安置機構，觸法少年們大都是被迫轉換不同的生活環境，非自願性的來到安置機構中，這些觸法少年有些可以順利安穩地待到安置期滿，有些可能因為安置期間表現不佳或原生家庭功能依舊不彰，加上安置期滿時尚未成年，沒有自立更生能力，經由安置機構聲請延長安置，有些則可能因為在安置期間再次觸法，被安置機構聲請撤銷安置，而被法院改交付進入封閉性的感化教育體制中，另外，有些也可能因為在安置機構內表現良好，喪失原本安置輔導的原因，由安置機構聲請提早免除安置，順利回歸社會。

安置機構中，重視的是如何協調觸法少年與所處環境間的適應，最終目的是協助觸法少年順利回歸社會，扮演應有的社會角色，以期能健全成長。不過，更值得注意的是，每位安置機構中的工作人員，因其不同的成長經驗以及自我特質或工作角色的扮演，對觸法少年的問題看法也不一，安置輔導的過程反映出個人特質以及社會生活模式，間接也影響觸法少年改變的可能，甚至於，還會影響其對自身助人角色的認定。所以，安置機構工作人員對其角色的主觀認定，會影響彼此關係互動，同樣地，對於安置少年更具有某種程度的影響力。

綜上所述，我與安置機構內觸法少年相處互動的經驗中，我相信，如果能以最坦誠的態度來看待「少年保護社工」與安置機構內「觸法少年」在安置歷程中最真實的生命經驗，無論最後安置輔導成效為何，都能為彼此縱橫阡陌的人生旅程留下成長的軌跡。

感謝函　走在人權的路上

只要這世界上有漠視、歧視，就有人權問題產生。

有些青少年，因為各種原因走上歧途，被貼上標籤，受到未盡妥善的對待，而內心卻永遠被埋藏。

或許大家會說：每個人都有選擇權！

是的，這群孩子也應當為自己負責。可是整個社會真的為這群孩子負責了嗎？事實上，社會虧欠於孩子們的更多，許多的問題導致孩子做出迫不得已的選擇，這是在教育、輔導、法治及整個社會中都有極需要調整的地方。無論在孩子即將面臨錯誤決擇，抑或他們開始為自己的過錯負責後，這些關鍵時刻都非常需要社會大眾的關注及同理心來協助孩子重獲新生。

這本書是個楔子，將應當被重視卻遭到埋沒的聲音呼喊了出來，期盼獲得更多社會支持。這條路還很長，幸而這個社會仍有許多優質的單位機構等，持續為青少年應有的人權奮鬥著。

一路走來並不孤獨，但有您的加入，將使我們更加堅強茁壯！

因為我們有一同奮戰的好盟友和導師，也使得於 2017 年末為關注台灣邊緣與觸法青少年人權所舉辦：「象牙塔中的黑社會」座談會，得以成功！

感謝人本教育馮喬蘭執行長、施怡昕秘書、賴秀枝主任；台灣少年權益與福利促進聯盟葉大華秘書長、吳政哲督導、劉志洋研發員、王金暐專員、楊睿德專員；青平台基金會蕭伊真研究員；報導者簡永達記者等先進，無私的分享經驗與資源！

感謝臺北大學社工系系學會會長黃鎮楊、臺灣神經纖維瘤協會理事長方妙如、臺北影視音實驗教育機構特聘教師王溪泉、臺北同心扶輪社前會長王鍾銘及會長賈伯楷、臺北同志諮詢熱線志工李昀岳、臺北塔羅事典館長孟小靖、臺北特氏集團活動規劃師黃彥傑、臺北永春高中簡佑霖、醫檢師林誼潔等朋友，協助串聯社會資源！

特別感謝政治大學新聞系校園記者鄭順祥，以熱血的誠摯精神作為我的堅強後盾，積極投入在收集資料、整合媒體、公關稿新聞稿件處理等等，是讓人最放心把背後交給他的男人！

人權的路上仰賴各機構單位的指導與協力合作，感謝：（以下按筆劃排列）

人本教育基金會、青平台基金會、世新大學法學院、臺北大學社工系及系學會、臺北市立圖書館、臺北市不鳥穀展業有限公司、臺北市塔羅事典、臺灣少年權益與福利促進聯盟、臺灣神經纖維瘤協會等

該感謝者，如繁星不及備載，如有缺漏敬請見諒。

高談文化　郭廷溢暨全體同仁　謹上

參考文獻

內政部兒童局兒童及少年福利機構設置標準。台北：內政部兒童局，二〇〇四年。

中華民國觀護協會，兒童及少年審前轉向與安置輔導實務研討會。台北：中華民國觀護協會，二〇〇四年。

中華民國社會工作倫理守則，社會工作倫理守則。台北：內政部兒童局，一九九八年。

王行、鄭玉英，毛毛蟲與變形蟲：為「施虐者輔導」之行動研究中知識建構的「變」。台北：東吳社會工作學報，二〇〇二年。

王行主編；王行、仇立琪、黃元亭、鄭玉英著，親職暴力處遇，介入與省思。台北：心理出版社，二〇〇四年。

王玠、李開敏、陳雪真合譯，**Julius R.Ballew & Geogre Mink**，個案管理。台北：心理出版社，一九九八年。

王明仁、孫海珊，不幸少女緊急短期收容方案之推展暨面臨專業倫理兩難問題與處置——以CCF家扶園之服務為例。台北：社區發展季刊，一九九九年。

王筱崟，安置機構工作人員對性交易少年處遇形式之看法探究。東吳大學社會工作研究所碩士論文。台北：東吳大學，二〇〇五年。

王嘉瑜，兒童及少年安置機構社會工作者處遇經驗之研究。靜宜大學社會工作與兒童少年福利學系碩士論文。台中：靜宜大學，二〇〇〇年。

王俊鑫，少年交付社會福利或教養機構安置輔導處遇之研究——司法與社福之媒合。東吳大學社會學系碩士論文。台北：東吳大學，二〇〇八年。

王明鳳、黃誌坤、姚淑吟、李淑惠，誰充誰的權？育幼院青少年院生充權服務方案之省思。台中：東海大學，二〇〇九年。

二〇一五年司法院統計地方法院少年刑事終結案件表。參考網路：**http://www.judicial.gov.tw/**。

米爾斯，原文作者：**C. Wright Mills;** 譯者：國立編譯館，張君玫，劉鈐佑。社會學的想像。台北：巨流圖書公司，二〇〇六年。

汪培珽，孩子知道 你愛他嗎。台北：愛孩子愛自己工作室，二〇一二年。

李瑞琴，傀儡尪仔的蛻變——位幼教老師的自我敘說故事。新竹：國立新竹教育大學，二〇一二年。

李政賢譯，社會心理學。台北：五南圖書出版社，二〇〇九年。

李懿庭，兒少安置機構工作人員面對學習困難院童處遇策略之研究。靜宜大學青少年兒童福利研究所碩士論文。台中：靜宜大學，二〇〇八年。

李自強，微罪少年安置輔導執行現況及其影響因素。南投：國立暨南國際大學，二〇〇一年。

蔡漢賢主編，社會工作辭典。台北：內政部社區發展雜誌社，二〇〇〇年。

余瑞長，育幼機構受虐兒童之社會適應研究——以內政部北區兒童之家為例。嘉義：國立中正大學，二〇〇三年。

何明晃，少年事件處理法安置輔導制度運作困境之檢討與改革建議——以個人之實務經驗出發。台北：社區發展季刊，二〇〇九年。

何雪鳳，國中中輟生接受社會福利服務過程之因應行為探討。東海大學社會工作學系碩士論文。台中：東海大學，二〇〇〇年。

何凱維，非行少年司法轉向安置輔導保護處分司法單位與社福機構之契約關係——以南投家扶中心為例。台中：靜宜大學，二〇〇二年。

吳孟竹，我國少年司法保護制度之實踐與展望——以安置輔導為例。台北：司法官訓練所第四七期學員法學研究報告，二〇〇六年。

吳佳俊，蜘蛛網與獨角戲一位排球教練的自我敘說。台北：國立台北教育大學，二〇〇六年。

林茂生，台南市立國民中小學學校願景發展之研究。嘉義：國立中正大學，二〇〇三年。

林孟平，輔導與心理治療。中國：上海教育出版社，一九九九年。

林佩璇，個案研究及其在教育研究上的應用。嘉義：國立中正大學，二〇〇〇年。

林俐君，育幼機構院童成長脈絡之探討 - 以受刑人子女為例。台北：台灣大學，二〇〇〇年。
林昭宏，認輔關係對機構式處遇中受輔少年之影響。台中：東海大學，一九九九年。
林佳範，從少年不良行為到犯罪行為之法令體系——探討親師的法治教育角色。台北：公民訓育學報，二〇〇二年。
法務部，少年事件處理法。台北：法務部，二〇〇五年。
法務部調查局出版，大陸、臺、港黑幫調查研究。台北：法務部，一九九八年。
周月清，家庭社會工作——以家庭為中心之社會工作實務。台北：社會工作學刊，一九九四年。
周志建，敘事治療的理解與實踐——以一個個案為例之敘說研究。台北：國立台灣師範大學，二〇〇二年。
范麗娟，台灣原住民教育，社會學的想像。台北：松慧出版社，二〇一〇年。
卓雅苹，非行兒少安置輔導處遇中社會工作者之服務經驗探究。靜宜大學青少年兒童福利學系碩士班碩士論文。台中：靜宜大學，二〇〇四年。
林瑜珍，案主的抉擇，社工的兩難——不幸少女安置輔導工作之探討。南投：國立暨南國際大學，二〇〇二年。
吳孟蓉，收容機構不幸少女生涯期許相關因素之探討。南投：國立暨南國際大學，一九九八年。
胡幼慧、姚美華，質性研究理論、方法及本土女性研究實例。台北：巨流，一九九六年。
胡中宜、曾華源，法院裁定少年轉向安置機構輔導服務之研究。台北：內政部兒童局，二〇〇六年。
胡中宜，「作為或不作為？」：社會工作實務中的倫理問題與倫理兩難。台北：國立臺灣師範大學，二〇〇五年。
胡碧雲，少年安置機構生活輔導員之工作適應~以宜蘭縣為例。佛光人文社會學院社會學系碩士論文。宜蘭：佛光大學，一九九五年。
莊文芳，影響臺北市青少年對身體意象認知相關因素之探討。國立陽明大學衛生福利研究所碩士論文。台北：陽明大學，二〇〇四年。
莊耀嘉、李雯娣，兒童性格結構：五大模型的本土化檢驗。台北：中華心理學刊，二〇〇一年。
徐錦鋒，少年觀護制度理論與實務。台北：洪葉文化，二〇〇八年。
徐明佑，自己的路，勇敢的走：一位男性幼教師的自我敘說。新竹：國立新竹教育大學，二〇一〇年。
許春金、鄭善印、林東茂、游日正、楊臺興、劉嘉發，不良幫派處理模式之泛文化比較研究。臺北：內政部警政署刑事警察局委託研究案，一九九三年。
許春金，犯罪學。台北：三民書局，二〇一〇年。
教育部，認輔制度實施要點。台北：教育部，二〇一一年。
張曉佩，敘事治療對非行少年生命故事的解構與重構。南投：國立暨南國際大學，二〇〇三年。
張玉燕，一位中學護理教師自我生死觀轉變之探討——以前世今生回溯經驗之敘說研究為取向。嘉義：南華大學，二〇〇三年。
張春興，現代心理學重修版。台北：東華出版社，二〇〇七年。
張裕榮，親職溝通與談判。南投地院，二〇〇五年。
張紉，青少年安置服務福利屬性之探討。台大社會工作學刊，第二期。台北：台灣大學，二〇〇〇年。
曾華源、劉曉春譯，社會心理學。台北：洪葉文化，二〇〇〇年。
曾華源、胡慧嫈、郭世豐，社會工作倫理難題抉擇之過程——理論與案例分析。台北：社區發展季刊，二〇〇五年。
曾麗吟，育幼機構教養方式與兒童依附之相關性研究。靜宜大學青少年兒童福利研究所。台中：靜宜大學，二〇〇八年。
郭靜晃；李芳玲；林玉君，運用美國社會工作（SWPIP）對我國婚姻暴力目睹兒童之社工處遇探討。台北：兒童及少年福利期刊，二〇〇五年。
郭靜晃，運用社會工作專業於兒童福利服務。台北：華岡社科學報，二〇〇四年。
陳淑娟，建構收容非自願少年安置機構之行動研究——以權力觀點的解釋。東吳大學社會工作研究所碩士論文。台北：東吳大學，二〇〇五年。
彭淑華，保護為名，權控為實？——少年安置機構工作人員的觀點分析。東吳社會作學報。台北：東吳大學，二〇〇六年。
陳武宗，醫院社會工作部門社會資源運用與倡導經驗回顧。台北：社區發展季刊，二〇〇九年。

葉至誠，社會工作概論。台北：揚智出版社，二〇〇九年。

葉重新，教育心理學。台北：心理出版社，二〇一一年。

黃維憲、曾華源、王慧君等著，社會個案工作。台北：五南圖書出版公司，二〇一一。

黃貞容，育幼機構安置服務院童權益維護指標之研究。南投：國立暨南國際大學，二〇〇二年。

舒霖，心理師的眼睛。台北：爾雅出版社，二〇一三年。

楊嘉銘，當前台灣地區組織犯罪現象之研究，警察大學刑事所碩士論文。桃園：中央警察大學，一九九九年。

溫文傑，淺談青少年偷竊行為之成因。台北：淡江大學，二〇一〇年。

詹火生，「社會學」修讀指引。空大學訊，二〇〇一年。

詹前柏，兒少安置機構教養模式之研究——以台中市私立慈馨兒少之家為例。玄奘大學社會福利學系碩士論文。新竹：玄奘大學，二〇一〇年。

詹寶珠，自己的路，勇敢的走——一位學前特教實驗班教師自我敘說故事。新竹：國立新竹教育大學，二〇一一年。

萬育維，社會工作實務手冊。台北：洪葉文化，二〇一二年。

鄧煌發，完形犯罪預防理論架構之探討與評析——引介 Agnew 一般化犯罪暨非行理論。桃園：中央警察大學，二〇〇七年。

潘美玲，中途之家受虐少女處遇模式的探討。國立暨南國際大學社會政策與社會工作學系碩士論文。南投：暨南大學，二〇〇二年。

潘淑滿，家庭暴力防治中心工作模式與未來工作模式建立。高雄市政府社會局方案委託研究計劃成果報告，二〇〇〇年。

潘淑滿，質性研究：理論與應用作者。台北：心理出版社，二〇〇三年。

趙雍生，社會變遷下的少年偏差與犯罪。台北：桂冠，一九九七年。

蔡漢賢主編，社會工作辭典。台北：內政部社區發展雜誌社，二〇〇〇年。

蔡漢璁，非行少年家庭界限與非行行為相關之研究。高雄：高雄師範大學，二〇〇八年。

蔡明珠，影響安置少年院內生活主觀感受因素之研究——以花蓮縣少年安置機構為例。花蓮：慈濟大學，二〇〇六年。

賴靜眉，「重建」抑或「管控」？依少年事件處理法裁定安置輔導少年之經驗。台灣大學社會工作學研究所碩士論文。台北：台灣大學，二〇〇五年。

賴誠斌、丁興詳，自我書寫與生命創化：以蘆狄社大學員蕃薯的故事為例。台北：應用心理研究期刊，二〇〇五年。

謝秀芬，社會個案工作——理論與技巧。台北：雙葉書廊，二〇〇二年。

戴昀，弱勢青少年的成長歷程：復原力的建構。新竹：台灣青少年成長歷程研究第二次研討會，二〇〇八年。

簡春安，社會工作督導實施方式之理論與實務。台中：台灣兒童暨家庭扶助基金會出版，二〇〇二年。

蘇益志，一個社工師的喃喃自語：青少年輔導工作手記。台北：心理出版社，二〇一一年。

顧英蕙，影響青少年再次犯罪之因素初探。台中：東海大學，二〇〇二年。

Don Hamachek，面對自己（Encounters with the self），李淑娥譯。台北：心理，一九九八年。（原著一九七一 年出版）

Frederick H. Berensein，缺角的孩子（Lost Boy: Reflection on Psychoanalysis and Countertransference）史錫蓉譯。台北：新苗，二〇〇〇年。（原著一九九五年出版）

Greenwood, P. W. Alternative placements for juvenile offenders: results
From the evaluation of the Nokomis challenge program. Journal of Research in Crime
and Delinquency, 三五（三）, 二六七 - 二九四.（一九九八）

高談文化
CULTUSPEAK PUBLISHING CO., LTD
華滋出版 拾筆客 九韵文化 信實文化

更多書籍介紹、活動訊息，請上網搜尋 拾筆客

What's Being

我在少年中途之家的日子：一位少年保護社工與觸法少年的生命故事

作　　者：林劭宇
封面設計：黃聖文
總 編 輯：許汝紘
美術編輯：陳芷柔
文字編輯：孫中文
總　　監：黃可家
行　　銷：郭廷溢
發　　行：許麗雪
出　　版：信實文化行銷有限公司
地　　址：台北市松山區南京東路5段64號8樓之1
電　　話：（02）2749-1282
傳　　真：（02）3393-0564
網　　站：www.cultuspeak.com
讀者信箱：service@cultuspeak.com

印　　刷：上海印刷股份有限公司
總 經 銷：聯合發行股份有限公司
香港經銷商：聯合出版有限公司

2017 年 10 月 初版
定價：新台幣 360 元

國家圖書館出版品預行編目（CIP）資料

我在少年中途之家的日子：一位少年保護社工與觸法少年的生命故事 / 林劭宇著. -- 二版. -- 臺北市：信實文化行銷, 2017.10

面；　公分. -- (What's being)

ISBN 978-986-94750-0-6(平裝)

1.少年福利 2.安置輔導 3.社工人員

547.52　　106006146